왜 이런 사람이 리더인가?

왜 이런 사람이 리더인가?

Why Do We Have These Leaders?

모모노 야스노리 지음 | 이유진 옮김

시원
북스

리더는 중요하다,
다시 말하지만 가장 중요하다

왜 이런 사람이 리더일까? 매일 이런 고민으로 스트레스를 받는 사람들이 많다. 이런 말이 무리가 아닌 이유는 지도자, 관리자, 책임자 등 리더로서 중요한 자리에 있는 사람들이 제대로 된 리더 교육을 받은 적이 거의 없기 때문이다. 바꿔 말하면 애초에 리더란 어떤 존재인지 리더 스스로 제대로 고민한 적조차 없다는 말이다. 그런 리더 밑에서 스트레스가 쌓이지 않는다면 오히려 이상한 일이다.

리더 중에는 이렇게 생각하는 사람도 분명 있을 것이다. 예를 들어, 일본에서는 몇십 명의 부하를 거느리는 소대장이 될 때까지 대략 1년 동안 간부 후보생 학교에서 교육을 받아야 한다. 이 교육을 수료할 때 후보생들은 부하 전원에게 밥이 보급된 뒤 비로소 젓가락을 들고, 부하보다 나중에 씻는 '리더상'을 몸과 마음에 새기게 된다.

자신이 리더 교육을 제대로 받았다고 생각하는 사람들 중 이렇게까지 교육을 받은 사람이 있을까? 사회에서 대부분의 리더는 제대로 된 리더 교육을 받은 적이 거의 없고, 그래서 결국 문제가 된다.

제대로 교육을 받지 못한 리더가 이끄는 회사나 조직이 점점 기울어 무너지는 모습을 저는 경영 현장은 물론 사회 곳곳에서 수없이 봐왔다. 그 과정에서 사람들의 마음을 무너지게 만들고 업무에 방해가 되는 많은 리더와 마주해왔다. 이러한 실제 경험을 바탕으로 이 세상의 리더를 위해 '우리는 좀 더 리더라는 존재에 대해 진심으로 생각해야 한다'는 메시지를 전달하고 싶은 바람으로 이 책을 썼다.

책 속에서 언급한 사례는 제가 실제 현장에서 경험한 사건을 바탕으로 한다. 대형 증권 회사를 거쳐 최고재무책임자(CFO), 경영기획책임자, 사업재생담당자(TAM) 등을 역임하는 과정에서 직면한 과제를 고찰했다. 이러한 이유로 관련 인물들에게 배려가 필요한 부분은 사실에 반하지 않는 범위에서 조금 각색을 했다. 리더십과 조직론을 고찰하는 장관과 전 최고 간부도 많이 취재했다. 최고 간부들의 사고방식과 마인드는 필자의 해석인 점을 말씀드린다. 또한 본문에서는 경칭을 생략한 점도 양해 부탁드린다.

덧붙여 이 책은 2021년 8월부터 연재하고 있는 〈아사히신문 GLOBE+〉에서 리더론에 관해 반향이 컸던 내용을 중심으로 다시 편집한 원고로 이루어져 있다. 이 자리를 빌려 출판에 힘써주신 〈아사히신문 GLOBE+〉 편집장님께 진심으로 감사의

왜 이런 사람이 리더인가?

말씀을 드린다.

　무엇보다 이 책을 읽은 독자분들이 일과 인생에서 저마다 자신이 소중히 여기는 것에 대해 다시 생각할 기회를 얻을 수 있다면 더 바랄 것이 없겠다.

모모노 야스노리

차례

2장 ❚ 조직을 살리는 리더가 되라

Why Do We Have These Leaders?

1장

사람의
마음을 얻는
리더가 되라

왜
이런
사람이
리더인가
?

01
무능한 리더는
'자기 덕분에 성공했다'고 말한다

자신을 내세우는 리더들이 유능하지 못한 이유

"이 정도는 당연합니다. 딱히 어려운 일도 아닙니다."

영업 책임자인 임원이 그렇게 말했을 때 나도 모르게 그의 얼굴을 다시 보았다. 그는 대기업에서 헤드헌팅을 해온, 주주들이 기대하던 이사였다.

그런 그에게 주주 중 한 사람이 최근 수주에 대해 인사치레를 했을 때 그가 한 말이었다.

"빨리 성과를 냈네요. 역시 수완가네요."

그러나 그 수주 건은 그가 입사하기 반년 전부터 젊은 사원이 중심이 되어 끈기 있게 아주 고생해서 수주를 따낸 것이었다. 엄밀히 말하면 그의 공헌은 거의 없다고 할 수 있는 프로젝트였다.

이 이야기는 지금으로부터 약 20년 전의 일이다. 하지만 지금도 여전히 세상에는 이런 불합리함이 넘쳐날 것이다. 부하의 성과를 자신의 공으로 삼는 리더, 프로젝트를 자기가 성공시켰다고 떠벌리는 리더. 지금도 이런 리더를 차가운 시선으로 바라보는 사람이 분명 많지 않을까. 그리고 이런 리더는 예외 없이 우수한 사람이 아니라는 것은 지금까지의 경험을 통해 터득한 법칙이다. 안타깝게도 그 임원 역시 성과를 내지 못하고 단기간에 사임으로 내몰렸다.

이런 발상을 하는 사람이 결국 리더 역할을 해내지 못하는 것은 어떤 점에서 당연할 수 있지만, 뭔가 좀 더 필연적인 이유가 있을 것이라 생각했다. 그래서 이 문제에 대해 꽤 오랫동안 생각해왔는데 최근에 드디어 그 답을 찾은 것 같다.

왜 이런 사람이 리더인가?

작은 일도 도와준 사람을 잊지 않은 카네기의 리더론

최근 미국을 대표하는 저명한 대부호 하면 일론 머스크, 빌 게이츠, 트럼프 대통령이 떠오른다. 그러나 20세기 초까지만 해도 미국은 물론 세계 제일의 대부호는 단연 '철강왕' 앤드류 카네기였다. 근대화가 이루어지던 시대에 철강 생산을 중심으로 다양한 사업에 진출하여 막대한 부를 쌓은 과연 입지전적인 인물이다.

《카네기 자서전》에 따르면, 카네기는 1835년 11월 스코틀랜드 시골 마을의 가난한 수직공의 아들로 태어났다. 그러나 당시엔 산업 혁명이 한창이었기에 증기 기관을 동력으로 한 직기의 보급으로 카네기 가족은 수입원을 잃고 몹시 궁핍해졌다. 결국 가족들이 직기 등을 처분하고 미국 이주를 결정함에 따라 카네기도 13세에 학교를 그만두고 부모님과 함께 미국 피츠버그의 앨러게니로 이주한다.

가족을 돌보기 위해 카네기는 바로 일을 시작했다. 첫 직장은 방적 공장의 실 감기 담당으로 1주일에 1달러 20센트를 받으며 매일 이른 아침부터 늦은 밤까지 일했다. 그 후 지인이 경영하는 공장에서 불을 조절하는 화부 일을 거쳐 14세에 전보

배달부로 이직한다. 주급은 2달러 50센트였다.

그리고 그 무렵부터 카네기의 이상하다고도 할 수 있는 노력이 시작된다. 전보를 배달하며 고객의 얼굴과 이름을 정확히 기억한 덕분에 고객들은 카네기를 눈여겨보게 되었고, 그를 특별하게 여겼다. 게다가 카네기는 거기에서 머무르지 않고 미국에서도 몇 명밖에 갖고 있지 않던 전신(電信) 기술을 익히더니 17세에 통신 기사가 되어 월급이 25달러로 뛰었다.

운명적인 만남은 카네기가 18세가 되었을 때 찾아왔다. 토머스 알렉산더 스콧이라는 그의 인생을 크게 바꾸게 되는 인물의 눈에 든 것이었다. 스콧은 당시 여명기인 철도업계에서 펜실베이니아 철도 회사의 감독으로 피츠버그에 왔다. 거기에서 전신 기수로 알게 된 카네기를 스카우트해 사무원 겸 전신 기수로 발탁했던 것이다. 이때 그의 월급은 35달러까지 오른다.

그 후 스콧의 출세와 함께 카네기도 중역을 맡게 되고 모든 일에 눈부신 노력을 이어가며 결과를 내게 된다.

다음은 눈덩이가 굴러가며 커지듯 입신양명하는 이야기다. 카네기는 돈을 토대로 스콧과 함께 침대 열차 사업에 투자하고 철강 사업에도 진출하더니 '철강왕'으로의 여정을 일직선으로 힘차게 나아간다.

왜 이런 사람이 리더인가?

그런데 이 대부호 카네기의 인생을 접했을 때 느낀 첫인상은, 이상하게 보일 수도 있는 '노력'과 위험을 두려워하지 않는 '행동력'이었다. 그래서 카네기가 훗날 78세에 쓴 자서전에 관심이 갔다. 그는 얼마나 노력했고 성공의 비결은 무엇이었을까? 책에는 그의 고생담에 관해 구체적으로 적혀 있겠지 싶었으나 그 예상은 완전히 빗나간다.

그의 자서전에는 고생과 노력 같은 이야기는 거의 없다고 할 수 있을 정도로 나오지 않는다. 오히려 자서전 분량의 3분의 1을 할애해 인생에서 만난 사람들의 이름을 풀네임으로 언급하며 현재의 자신이 있는 것은 그 사람들 덕분이라고 거듭 이야기한다.

게다가 자서전에 나온 사람들은 결코 대부호가 된 계기를 줄 만한 유력자라든가 그런 것도 아니다. 학식이 없는 자신에게 책을 빌려준 15세 때의 지인, 주급을 2달러나 올려준 16세 때의 리더, 하물며 미국으로 건너갔을 때 음료 한 잔을 건넨 선원의 이름까지 들며 깊은 감사의 말과 함께 이런 말을 한다.

"나는 그 거품이 흘러나오는 청량음료가 들어 있던 멋진 장식이 달린 놋쇠 그릇을 잊을 수가 없다. (중략) 어떻게든 그를 찾으려 했지만 전혀 단서가 없다."

대체 이 사람의 철학의 본질은 어디에 있는 걸까. 궁금증은 점점 커졌고 그의 본질을 알 수 있는 결정적인 단서가 담긴 에피소드를 찾을 수 있었다.

스콧에게 발탁되어 펜실베이니아 철도로 이직한 카네기는 어느 날 아주 괴로운 결단을 내려야 하는 상황에 놓이게 되었다. 관할 지역에서 큰 철도 사고가 발생해 전 구간에서 열차 운행이 혼란스러워진 비상사태가 발생했던 것이다. 비상사태를 해결하려면 관련 권한이 있는 스콧이 지령을 내려야 하는데 온갖 수단을 동원해도 그를 찾을 수 없었다. 그렇다고 비상사태를 그대로 방치하면 혼란이 더 가중되어 상황은 악화될 것이 뻔했다. 이런 상황에서 카네기는 대담한 결정을 내렸다. 해당 권한을 가진 스콧의 이름으로 자신이 잇달아 지령을 내렸던 것이다.

사고 소식을 듣고 뒤늦게 스콧이 서둘러 사무실로 돌아왔을 때, 모든 운행은 정상화되어 있었다. 놀란 스콧에게 카네기는 자신이 독단으로 한 일을 보고한다. 그가 한 일은 분명한 월권행위이자 법률에도 저촉되는 중대한 규율 위반이었기에 스콧은 그를 칭찬하지 않았다.

사무실에 미묘한 공기만 흐르는 가운데 스콧은 카네기에

왜 이런 사람이 리더인가?

게 지령을 받은 화물 담당 직원에게 이런 질문을 한다.

"이 녀석이 무슨 짓을 했는지 자네 알고 있나?"

"모릅니다."

"내 이름으로 모든 노선의 열차를 움직였어."

"그래서 잘되었습니까?"

"그래, 모두 원활하게 운행되었지."

스콧은 이때 깨달았을 것이다. 카네기는 만일 그 일이 실패했을 때 모든 책임을 질 각오로 위기에 대처했다는 사실을 말이다. 반대로 잘 해결되었을 때 모든 공은 스콧에게 돌아가도록 해놓았다.

너무 대담하지만 이런 귀여운 부하를 어떻게 질책할 수 있을까. 다시 강조해서 말하면, 카네기의 성공 요인은 실패는 모두 자신의 책임, 성공은 모두 주변의 공으로 돌린 데 있다. 그러니 카네기가 많은 사람의 신뢰를 얻어 마침내 최고 지도자의 자리에 오른 것은 당연한 일이다.

이상하다고 할 수 있을 정도의 노력을 거듭하면서 성공은 모두 주변 사람들의 덕이라고 감사하는 인생, 실패의 책임을 질 각오를 하면서도 평가는 모두 주변으로 돌리는 리더.

카네기의 리더십 철학을 단적으로 말하면 그렇다.

부하를 자랑할 수 있는 것이 리더의 진짜 자랑이다

앞서 말한 '불합리한 리더'에 대해 다시 얘기해보자.

'부하의 성과를 자신의 공으로 삼는 리더', '프로젝트를 자기가 성공시켰다고 떠벌리는 리더', 이러한 사람은 왜 우수한 리더가 될 수 없을까.

물론 이러한 언행을 거리낌 없이 하는 사람 중에는 드물지만 사실을 말하는 사람도 있다. 그러나 자화자찬으로 자신의 성과를 자랑하는 사람의 말을 그대로 믿는 사람이 얼마나 있을까. 오히려 말을 하면 할수록 어딘가 수상해 보이고 거부감이 드는 것이 많은 사람의 자연스러운 감정이다.

그러므로 업무 성과를 부하나 리더에게 기분 좋게 공을 넘기는 것이야말로 일석이조의 '투자'인 것이다. 단기적으로 무의미한 허영심을 채우고 싶은 욕구에서 벗어나기 힘들다는 것은 정말 잘 알지만, 그것은 많은 경우 완전히 역효과를 초래한다.

대다수의 일은 복싱이나 가라테(공수도)와 같이 일대일로 실력을 겨루는 천하제일 무도회(武道會)가 아니다. 완력을 자랑하는 리더 한 명과 팀원 열 명이 있는 조직보다 열 명의 팀원을 즐겁게 일하게 만드는 리더 한 명이 있는 조직의 힘이 더욱 강

왜 이런 사람이 리더인가?

하다. 그리고 그런 리더야말로 본질적으로 진정한 리더라 할
수 있다.

아래는 카네기가 자신이 죽은 후 묘비에 새겨달라고 했던
말이다.

"나보다 더 뛰어난 사람의 도움을 얻는 기술을 아는 자, 여
기에 잠들다." (Here lies a man who knew how to enlist in his service
better men than himself.)

자신의 완력을 자랑하는 것으로 만족하는 리더는 이 말을
어떻게 생각할까? 자신보다 뛰어난 인재가 동료인 것이야말로
진정한 리더의 자랑임을 꼭 명심해야 한다.

02
좋은 리더는 기본적으로
'신뢰'를 중요시한다

세상 사람들에게 용기를 주는 말이 과연 옳을까?

일본에서 누적 판매 300만 부라는 어마무시한 기록을 남기며
전 국민의 베스트셀러가 된《당신이 선 자리에서 꽃을 피우세
요》라는 책이 있다. 고(故) 와타나베 가즈코 수녀가 2012년에
쓴 작품으로, 선교사에게 받은 "신께서 심은 곳에서 피어나세
요(Bloom where God has planted you)"라는 메시지로 구원받은 경
험을 바탕으로 한 자전적인 에세이다.

　"당신이 선 자리야말로 지금 당신이 있을 곳입니다"라는

인상적인 문장과 함께 이어지는 아름다운 글은, 삶에 대해 고민하는 많은 이에게 용기를 주었다. 그러나 나는 누군가에게 용기를 줄 때 솔직히 이 말을 사용하는 것이 썩 내키지 않는다. 더 정확하게 말하면 이 말이 무책임하고 비겁하다는 생각마저 든다. 국민적인 초베스트셀러를 상대로 이의를 제기하다니 내가 생각해도 배짱이 좋지만, 왜 그런지에 대해서는 내 이야기를 조금만 더 들어주길 부탁드린다.

실현할 수 없는 꿈을 미끼로 던지지 마라

나는 과거 오사카의 한 중견기업에서 경영 재건 일을 맡은 적이 있었다. 채무 초과에 빠져 현금 흐름 기반에서도 출혈이 이어져 법적 정리가 시간문제로 보이는 회사였다. 팔 수 있는 것은 모두 팔고, 금융 기관에 채무 상환 기간 연장을 신청하고, 대주주에게 자본 원조를 의뢰하는 등 이런저런 자금을 마련하기위해 분주히 움직여야 하는 게 나에게 주어진 임무였다.

상황이 이러했음에도 불구하고 회사는 기업 규모를 축소하더라도 신규 졸업자 채용만은 유지하기로 했다. 10명 정도를 선발하는 채용 과정에서 최종 임원 면접까지 20명 정도 남아 있었고, 서류상으로도 후보자는 모두 우수했다는 사실은 충분히 짐작할 수 있었다.

그중에서도 특히 눈길을 끄는 한 지원자가 있었다. 일류 국립대학교 졸업을 앞둔 그 지원자는 최상위 성적은 기본, 토익 점수 900점에 해외 유학 경험은 물론 비즈니스 수준의 회화가 가능한 중국어 실력 등 지방의 중견기업 정도에 지원하리라 예상하기 어려운 수준의 학생이었다. 그러한 이유로 그 지원자가 면접장에 들어오자 나는 대강 서류 확인을 끝낸 후 솔직하게 운을 뗐다.

"지원자분의 능력과 성적은 아주 훌륭하다고 평가합니다. 오히려 우리 회사에 지원한 이유를 이해할 수 없을 정도입니다. 우리 회사의 어떤 점에 관심을 갖게 되셨나요?"

그러자 그 지원자는 회사가 보유한 특허와 예정된 사업을 언급하면서, 자신의 어학 능력을 살려 그 일에서 리더급 포지션을 맡고 싶다는 야심에 찬 포부에 대해 이야기했다. 게다가 큰 회사에서 작은 일부터 배워나갈 정도로 성격이 느긋하지 않아서 중견기업에서 처음부터 큰일을 맡고 싶다는 의욕도 말했다.

그 지원자가 말한 내용은 회사 소개 자료에 공개된 정보로 사실이었으며 설명에도 모순은 없었다. 다만 그때와 지금 회사의 상황이 달라졌을 따름이다. 이제는 그런 상황이 아니라 적극적인 투자는 모두 중지되고 수단과 방법을 가리지 않고 자금 출혈을 막는 것이 최우선인 국면으로 바뀌었다. 즉 그 지원자가 하고 싶은 일과 꿈을 실현할 수 있는 필드가 회사에서 사라진 상황이었다.

사업 재건을 아직 전망할 수 없는 가운데 그 지원자가 회사에 입사하면 분명 '이런 일을 하고 싶었던 게 아닌데'라며 불행해질 것이다. 그렇게 판단한 나는 결국 고민 끝에 그녀에게 합격 결과를 주지 않았다.

그러자 앞서 면접을 진행했던 관리자와 당연히 그 지원자를 채용할 거라 믿었던 경영책임자는 매우 놀라는 기색을 보였다. 분명 여러 능력이 뛰어난 그 지원자가 회사에 정착한다면 큰 전력이 될 테니 말이다.

그러나 그 지원자에게 합격 결과를 주고 입사를 하게 했다면 얼마 안 돼서 퇴사를 선택했을 것은 불 보듯 뻔한 일이었다. 무엇보다 '실현할 수 없는 꿈'을 미끼로 입사를 시키는 것은 '채용 사기'이며, 회사로서도 그렇고 인간적으로도 잘못된 행동이기 때문이다. 하지만 이에 대해 설명을 해도 이해를 해주지 않을 것 같아서 나는 딱 한마디만 덧붙였다.

"능력은 있다고 생각하지만 우리 회사에 어울리는 인재는 아닙니다."

이것이 바로 내가 그 지원자에게 불합격을 준 이유였다.

나에게 주어진 직책으로 결정한 일이기는 하지만 이러한 판단은 당시나 지금이나 비판을 받을 수도 있다는 일이라고 생각한다. 내가 이 판단을 내린 것에는 사실 다른 복선이 있었다.

믿어달라는 말을 함부로 하지 않는다

신규 직원 최종 면접이 있기 전, 일주일 정도 시간이 남았을 때였다. 나는 한 중견급 직원에게 면담 제안을 받았는데 그를 만난 회의실에서 이런 항의를 받았다.

"제가 이렇게 열심히 하는데 왜 월급이 줄어든 거죠?"

나는 이 당시 경영 재건의 최종 수단으로 모든 직원에게 5퍼센트의 급여 삭감을 통지했다. 6개월이라는 한시적인 조치이기는 했지만 이는 직원들의 사기를 붕괴 직전까지 몰아넣은 최악의 수였다.

달리 방법이 없다고는 하나 그렇게까지 말도 안 되는 정책을 시행한 것은 아니었다. 충분히 각오했지만 부정적인 반응은 예상보다 컸다.

"고객을 위해 성실하게 일하고 있는데 납득할 수 없어요……. 저는 이제 더 이상 회사를 위해 노력할 수가 없어요."

그 직원은 그렇게 말하며 굵은 눈물을 줄줄 흘렸고, 이러한 사유로 책임감을 가질 수 없으니 이직을 생각하고 있다고도 말했다.

나는 그 직원 앞에서 아무 말도 하지 못했다.

"지금은 조금만 참아주세요. 반드시 어떻게든 해결할 테니 저를 믿어주세요."

라는 말조차 하지 못했다.

이때 나의 선택지에는 사업 매각과 회사 전체를 양도하는 것이 이미 포함되어 있었다. 그렇다고 임시방편으로 '지금은 버텨달라', '나를 믿어달라'는 말은 도저히 할 수 없었다.

그 직원도 자신의 경험과 자격을 살려 이직을 하는 편이 더욱 탄탄한 경력을 쌓을 수 있는 길이었다. 그래서 그저 죄송하다고 말하며 연신 고개를 숙일 수밖에 없었다.

"정말 죄송합니다. 괜찮으시면 부디 힘 좀 보태주세요."

인간적으로 성실한 것과 기업의 임원이나 리더로서 직무
에 충실한 것은 때로는 모순되는 일이다. 그런 의미에서 이때
나의 태도는 임원으로서 실격이었을지도 모른다. 그러나 나는
또 같은 상황이 와도 몇 번이나 그렇게 했을 것이다.

'거짓말하지 않기', '사람으로서 성실할 것'은 리더로서 꼭
필요한 최소한의 품위이자 신뢰를 얻는 데 무엇보다 소중한 지
켜야 할 가치관이라고 믿는다.

믿어달라는 말을 함부로 하지 않는다

왜 "당신이 선 자리야말로 지금 당신이 있을 곳입니다"라고 말
하는 것이 어떤 점에서는 무책임하고 비겁할 수도 있는 걸까?

만약 내가 그 지원자가 꿈을 이룰 수 없을 상황에서도 일
단 그를 채용하고, 나중에 퇴사를 고민하기 시작한 그에게 "당
신이 선 자리에서 꽃을 피우세요"라며 위로와 설득을 하려 했
다면 분명 한 대 얻어맞았을지도 모른다.

연봉 삭감에 실망하고 이직을 생각하고 있다며 굵은 눈물

왜 이런 사람이 리더인가?

을 흘리던 직원에게 "당신이 선 자리에서 꽃을 피우세요"라고 말했다면, 그는 "그게 당신이 할 소리야?"라며 테이블에 놓인 물잔의 물을 나에게 퍼부었을지도 모른다.

즉 이 말은 '상대의 인생에 책임이 없는 사람'만 사용할 수 있는 말이다. 바꿔 말하면 '문제 해결을 당사자의 의식과 사고방식에 통째로 떠넘기는 말'이라고 해도 좋을 것이다.

유일하게 이런 말을 해도 되는 사람은 와타나베 가즈코 수녀와 같은 종교인이나 학교에서 학생들을 가르치는 선생님과 같은 지도자다. 기업 경영자나 리더가 부하에게 이렇게 말한다면, 공허한 철학이자 문제 바꿔치기나 다름없다. 그래서 나는 이런 말을 하는 리더를 무책임하고 비겁하다고 말하는 것이다.

마음이 지쳤을 때 떠올리면 좋은 말

진시황제를 모시며 천하통일을 보좌한 이사(李斯)는 원래 시골의 말단 관리였다. 조용한 시골에서 계속 이렇게 시시한 인생을 살게 되는 건지 앞날을 고민하던 이사는, 어느 날 변소 구석에서 오물을 먹고살며 사람이 자기를 발견할까봐 무서워 오들 오들 떨고 있는 쥐를 발견하곤 탄식했다.

'나도 변소에 살고 있는 이 쥐와 같은 하찮은 존재구나.'

그러던 어느 날 이사는 곡창 안에서 다른 쥐를 발견했는데 그 쥐는 풍족한 곡물을 먹고 통통하게 살이 올라 사람이 나타나도 전혀 겁먹지 않았다고 한다. 그 모습을 본 순간 그는 또 깨달았다.

'사람의 인생도, 쥐의 삶도 살아가는 장소에 따라 다르지 않은가!'

일순간 깨달음을 얻은 이사는 그 뒤로 공부에 힘써 시황제의 눈에 들었고, 역사에 이름을 남긴 큰 인물이 되었다. 만약 그가 '사는 장소'를 바꾸려는 노력을 하지 않았다면 분명 시골의 말단 관리에 머문 채 비탄 속에서 인생을 끝냈을 것이다.

물론 참고 견디면 복이 온다는 가치관이 귀하다는 생각은 논할 것도 없이 중요하다. 어떤 일이든 자신의 힘이 미치는 한 노력하여 필사적으로 달려들어야 하기 때문이다.

그러나 그렇게 해도 어쩔 수 없다면 이사처럼 삶의 방식이나 환경을 바꾸는 것도 결코 망설여서는 안 된다. 인생을 다시 시작하고 새로운 도전에 발을 내딛는 것은 도망치는 것도 부끄러운 일도 아니니까.

왜 이런 사람이 리더인가?

지금 당신의 자리에서 더욱더 최선을 다하라는 말이 무겁게 느껴진다면 분명 당신의 마음이 지쳐있는 상태인 것이다. 그런 순간에는 이사의 이야기를 떠올리며 인생에서 더 나은 선택을 하는 데 참고하길 바란다.

03
'이기고 싶다'와 '지지 않겠다'는
리더의 마인드 차이

꾸준히 수익을 낸 투자자들에게서 배운 것

증권 회사 시절에 본 잊을 수 없는 광경이라고 하면 파멸적인
손실을 낸 어느 고객의 일화다. 그 고객은 오랫동안 성실하게
근무한 회사를 정년퇴직을 하고 비교적 큰 금액의 퇴직금을 받
은 참이었다. 당시 그의 나이는 60세 정도였다. 노후를 대비한
다는 생각이었겠지만 수천만 엔이던 운용 자산이 마지막에는
수백만 엔 정도까지 줄어들고 말았다.

벌써 꽤 옛날 일이고 내 담당도 아니었기에 솔직히 왜 그

렇게 되었는지는 잘 모른다. 다만 현물주부터 시작한 투자로 규모를 조금 늘리더니 결국 신용거래_{돈이나 주식을 빌려서 하는 거래}를, 마지막에는 금융파생상품 같은 것에까지 손을 벌렸던 것으로 기억한다. 자산이 심하게 줄어들자 "담당자 나와!"라며 엄청난 기세로 전화를 걸었는데 이내 스러지는 듯한 목소리로 바뀌며 그대로 연락이 없어졌다.

극단적인 사례일지도 모르나 기껏 자산 운용에 나섰다가 성과를 내지 못하는 사람에게서 볼 수 있는 한 가지 특징이 있었다.

'이기고 싶다, 돈을 벌고 싶다!'
라는 생각으로 의사 결정을 한다는 것이다.

반대로 '지지 않겠다, 손해 보지 않겠다'는 생각으로 의사 결정을 하는 투자자는 꾸준히 성과를 내는 사람이 많았던 것 같다.

그리고 이는 결코 주식 투자뿐 아니라 회사 경영과 인생, 일과 이직에서도 유효한 사고방식이라고 확신한다.

그렇다면 '이기고 싶다'와 '지지 않겠다'는 두 사고방식은 얼핏 들으면 비슷한 말 같기도 한데 대체 뭐가 다를까?

이기고 싶은 욕망에 빠진 리더는 일을 망친다

'이기고 싶다'와 '지지 않겠다' 이야기로 다시 돌아가보자. 왜 '이기고 싶다', '돈을 벌고 싶다'라고 생각하는 사람은 살아남을 수 없을까.

주식 투자에 한정되지 않고 경영이든 게임이든 똑같이 '이기고 싶다'라는 욕망이 앞에 오는 사람은 대부분 '좋은 정보'만 보려고 한다. 파친코에 빠진 사람이 좋은 예일 것이다.

즉 '이기고 싶다', '돈을 벌고 싶다'라고 생각하는 사람들은 계속해서 만 엔짜리 지폐를 넣게 된다. 이겼을 때의 기억, 즉 '좋은 정보'를 근거로 결과를 예측하기 때문이다. 당연히 장기적인 관점으로 보면 지는 게 당연하다.

한편 '지지 않겠다', '손해 보지 않겠다'라고 생각하는 사람은 설령 게임에서 좋은 패가 나와도 미리 결정하지 않는다. 버리는 패나 점수를 고려하여 다른 플레이어의 의도를 추측해 리스크와 선택지를 찾는다.

리더로 바꿔 말하면 좋은 정보에 들뜨지 않고 시장을 두루 살펴 '하고 싶은 일'이 아닌 '해야 할 일'을 찾는 리더라고 해도 좋을 것이다. 그러니 '지지 않겠다', '손해 보지 않겠다'라고 생각하는 사람이 살아남는 것이다.

모든 전쟁이 반드시 이겨야 하는 것은 아니다. 물론 사람의 심리상 지기 위한 싸움은 없다. 하지만 잘 생각해보면 지지 않고 버티는 것도 살아남기 위한 전략이다.

전쟁이 길어지면 어쩔 수 없이 양쪽이 손해를 입게 된다. 그럼 결국 전쟁을 끝내자는 분위기가 형성되어 여론의 압박도 커지게 마련이다. 그렇게 되면 전쟁을 중단하고 화해를 하자는 기운이 퍼져 갈등을 중단하게 될지도 모르는 일이다. 그러므로 눈앞의 작은 승리에 좌우되어 경솔하게 공격하면 안 된다.

공격, 즉 '이기고 싶다'라는 마음에 공격을 하는 것은 바보도 발휘할 수 있는 리더십이다. 그러나 '지지 않기' 위한 조직을 만들어 몸과 마음을 바르게 닦으며 오로지 싸움을 견딜 수 있는 리더가 되는 것은 좀처럼 쉬운 일이 아니다. 그러한 리더야말로 대단한 리더다.

장기적인 관점으로 봤을 때 '승리'는 지지 않기 위한 마음으로 끈기 있게 10년을 기다렸을 때 비로소 한 번 찾아올까 말까 한 드문 일이다. 당신이 리더든 팀원이든, 경영자든 신입이든 '반드시 이기겠다'는 마음보다 '지지 않겠다'는 생각으로 매일매일 의식적으로 노력하며 언젠가 찾아올 그때를 위해 힘을 비축하길 바란다. 그러한 목표를 가졌을 때 분명 많은 것을 배울 수 있을 거라 확신한다.

04
리더는 위기의 순간에
'책임감'을 보여줘야 한다

학창 시절 동아리 회장에게서 배운 리더의 자격

나에게는 조금 이상한 기억이 있다. 벌써 40년도 전인 초등학생 때의 일이다.

내가 다니던 학교에서는 4학년 이상 학생은 의무적으로 동아리 활동에 참여해야 했다. 그렇다고 해도 2주에 고작 한 번 열리는 다른 학년과의 교류가 목적인 장이라 본격적인 활동을 하지는 않았다. 그래서 나는 그다지 깊이 생각하지 않고 만화 동아리를 선택했다. 다 같이 만화를 읽고 자작 만화를 그리고 돌려보는 널널한 동아리였다.

동아리 활동 첫날 부장을 정하는 회의가 열렸을 때의 일이다. 당연히 나이가 절대적인 그 시절 초등학교에서는 6학년 중에서 부장을 선발하는 것이 '암묵적인 룰'이었다. 그런데도 6학년에서 리더격인 우메모토와 함께 무모하게도 4학년의 다케노가 부장 선거에 출마했고, 투표 결과 다케노가 당선되었다.

당연히 상급생인 우메모토의 기분은 유쾌해 보이지 않았다. 그는 자신이 상급생임을 과시하며 다케노에게 짓궂게 굴었고, 동아리 활동은 아주 껄끄러운 분위기로 시작되었다.

그런데 1년 후 동아리 활동 마지막 날이 되었을 때, 다케노가 교실 앞에서 동아리 활동 종료를 선언하자 놀랍게도 우메모토는 자리에서 일어나 이렇게 말했다.

"자, 다들! 마지막으로 다케노를 들어 올려보자고!"

그러자 만화 동아리 부원 모두가 환호성을 지르며 다케노에게 달려가 축하의 헹가래를 하기 시작했다. 게다가 다케노 몰래 부원들이 직접 만든 기념품을 건네며 그의 리더십에 고마움을 전하기까지 했다. 생각지도 못한 선물과 헹가래를 받은 다케노는 감동한 나머지 소리 높여 엉엉 울었고, 그날은 우리 모두에게 진한 추억으로 남은 동아리 해산일이 되었다.

왜 이런 사람이 리더인가?

껄끄러운 분위기로 시작된 동아리 활동이었지만, 다케노가 동아리 부원들로부터 리더십을 인정받게 된 계기가 있었다.

꽤 오래전 일이지만 그 기억만큼은 선명하게 떠오른다.

사람들은 공정하고 책임감 강한 리더를 따른다

그때 우리는 초등학생이었기 때문에 만화 동아리에 가져올 수 있는 책은 학습 만화나 《도라에몽》과 같이 부모님도 인정할 만한 작품이어야 한다는 불문율이 있었다. 그러나 자작 만화를 그리는 시간이 되자 부원들 사이에서는 좀 더 재밌는 개그 만화나 유행하던 《소년 점프》 등을 따라 그리고 싶다는 의견이 많았다. 그래서 다 같이 의논을 해서 다음 동아리 활동 시간에는 그 만화책들을 가져와서 참고하기로 했다.

그런데 다음 동아리 활동이 있던 날, 교실을 돌던 선생님으로부터 우리가 가져온 만화책들에 대해 지적을 받게 된 사건이 일어났다. 선생님께서는 이렇게 말씀하셨다.

"학교에 이런 만화를 가져오면 안 되는데, 사전에 미리 이야기하지도 않았고."

그러자 다케노가 일어나 이렇게 대답했다.

"선생님, 죄송합니다. 모두 제 책임입니다."

다케노의 말에 부원 모두가 놀랐다. 다케노는 누가 의견을 냈는지는 물론이거니와 다 같이 결정한 일이라는 변명도 하지 않았다. 그저 책임을 지고 필요한 일을 하겠다고 말하며 리더로서 더할 나위 없이 멋진 모습을 보여주었다.

그는 평소에도 여럿이 같이 의논하는 것을 중요하게 여기고 의견이 달라도 서로 납득할 수 있도록 애써서 공정한 리더십을 발휘해왔다. 그렇기 때문에 학생들끼리 동아리에서 다른 사람의 작품을 깎아내리기보다는 가능하면 좋은 점을 서로 칭찬하자는 약속을 정하고 이를 잘 지키도록 노력했던 것으로 기억한다.

그런 리더였기에 마지막 날 모두가 감사와 존경의 의미로 깜짝 이벤트를 준비했던 것은 당연하고 자연스러운 일이었다. 그는 분명 우리에게 자랑스러운 리더였다.

왜 이런 사람이 리더인가?

리더를 믿고 안심할 수 있는 조직이 발휘하는 힘

나의 초등학교 시절 추억에서 잠시 과거 1890년대 일본으로 돌아가보려 한다. 청일전쟁 당시 중국 대륙에서 돌아오는 일본 귀환병에 대한 검역 작업과 관련된 이야기다.

당시 43세 육군 소장 고다마 켄타로는 이 일의 책임자로 혹시 있을지도 모를 감염병 전파를 막기 위해 20만 장병에 대한 검역 작업을 엄격히 실시해야 하는 중요한 업무를 맡았다.

그러나 일본으로 돌아온 장병들은 검역소에 며칠이고 몇 주고 묶여 있는 것을 강력하게 거부했다. 그래서 고다마는 현장 책임자로 발탁된 고토 신페이에게 이런 명령을 내렸다.

"고충은 전부 내가 막겠다. 책임도 전부 내가 진다. 혹시라도 모를 감염병이 국내에 들어오지 않도록 해야 할 일을 철저하게 하도록 하라."

고토는 고다마의 말을 믿고 검역 현장에서 아무리 높은 계급의 군인이 위협해도 절대 타협하지 않았다. 단 한 명도 예외를 두지 않고 규정을 철저히 지키면서 20만 명의 대검역 사업을 철저하게 완수하는 것에만 집중했다.

그렇게 검역 사업이 끝나던 마지막 날, 고다마는 고토에게 한 상자를 보여주며 이렇게 말했다.

"이것은 자네의 훈장이야. 자랑스럽게 생각하게."

큰 상자는 편지 더미로 가득했다. 그런데 편지의 내용은 좋지 않았다. 고토의 파면을 요구하고, 고토를 심하게 공격하는 내용뿐이었다. 리더 고다마는 사람들의 분노와 공격을 막아내고 자신의 명령을 지킨 부하 고토를 지켜온 것이었다.

이런 리더가 자기 곁에 있다면 얼마나 든든할까. 모든 책임은 자신이 지겠다고 선언하고 부하에게는 '해야 할 일을 하라'고 간단하게 요구한다.

그리고 그 아무리 '대단한 사람'에게 위협을 받아도 부하를 위해 몸을 던지고 순리를 따르는 것이다. 그런 리더라면 진심으로 믿고 온 마음을 다해 따를 수 있지 않을까.

"모든 책임은 내가 진다. 그리고 해야 할 일을 하라."

자신의 리더를 진심으로 믿을 수 있는 조직은 강력한 힘을 발휘한다. 명령에 따르는 것에 망설임이 없고, 해야 할 일에 안심할 수 있으며, 온 힘을 다해 집중할 수 있기 때문이다.

조직이란 이렇게 리더에 따라 달라질 수 있다. 리더를 믿을 수 있을 때 조직의 사기가 올라가 무서운 기세로 어떤 문제든 돌파하게 된다.

왜 이런 사람이 리더인가?

책임을 맡았다는 긍지를 가져야 할 때

우크라이나 전쟁을 보면 러시아군은 엄청난 장비와 병력에도 불구하고 놀라울 정도로 약한 모습을 보인다. 푸틴 대통령이 연대장급의 현장 지도까지 직접 지시를 내린다고 보고되었을 정도로 혼란스러운 상황인 것 같다. 바꿔 말하면 현장 지휘관과 장교가 '책임을 맡았다는 긍지'마저 약해진 것 아닐까.

그런 모호한 상황에서는 책임을 지지 않는 리더가 지휘를 내리게 되니 제대로 싸울 리가 없다. 리더들이 말 그대로 무책임하고 의지할 수 없기에 약한 게 당연하다.

초등학교 4학년의 다케노보다 못한 리더들이 이끄는 부대 따위는 군사 조직도 뭣도 아니다. 그저 깡패 집단일 뿐이다.

그러나 이것을 단순히 러시아는 약하다는 교훈으로 삼아서는 안 된다.

오늘날 일본에는 과연 몇 명의 진정한 리더가 있을까. 조직에서 일하는 사람들 중 몇 명이 리더를 믿고 존경하고 있을까. 러시아를 타산지석으로 삼고 일본의 경영자와 리더들에 대한 경고로 여겨야 한다.

05
인재 부족을 탓하는 리더는
무능하다는 증거

일본 경제의 장기 침체를 느꼈던 순간

2010년 무렵 타이완 타이베이에 있는 어느 대형 부품 기업을
방문했을 때의 이야기다.

"괜찮으니 편하게 일본어로 말씀하세요!"

타이완에서는 모르는 사람이 없는 유명한 상장 기업에서
'기술 담당 부사장'이라는 요직을 맡고 있는 일본인을 만났다.
어떻게 일본인이 타이완 기업에서 이런 중요한 자리를 맡고 있
는 걸까? 나는 매우 놀라면서 그와 명함을 교환하고 자리에 앉

았다. 그리고 얼마 지나지 않아 기업의 회장이 들어와 붙임성 있는 미소로 이야기를 시작했다.

"어서 오세요. 일본에서 오시느라 고생 많으셨습니다."

그는 유창한 일본어를 구사했으며 발음에서도 전혀 위화 감이 느껴지지 않았다. 그런 놀라움이 얼굴에 드러났는지 회장 은 자기소개를 겸해 이야기를 시작했다.

"일본어는 마쓰시타 고노스케의 저서로 배웠어요. 번역본 으로는 그의 진짜 메시지를 알 수 없어서 원서를 곁에 두고 읽 으면서 공부했어요."

"솔직히 놀랐습니다. 발음은 어디에서 배우셨어요? 혹시 일본에서 유학한 적 있으세요?"

"아니요, 그게 아직 한 번도 간 적이 없어요. 발음은 부사 장 선생님께 배웠어요."

"부사장님이 일본인이라는 것도 놀랐어요. 원래 이 회사와 인연이 있어 입사한 건가요?"

그러자 두 사람은 눈을 마주치고 웃으며 어느 쪽이라고 할 것도 없이 경위를 말하기 시작했다. 이야기는 대략 30분 정도 이어졌다.

결론부터 말하면 나는 이때 타이완이 결국 일본을 앞지르는 것은 시간문제임을 직감했다. 앞으로 일본의 장기 침체가 계속 이어질 거라는 것도.

광대한 불모지를 최대 농업 지대로 바꿔놓은 리더

일본인 핫타 요이치는 타이완에서 모르는 사람이 없을 만큼 유명한 인물로, 1998년 타이완 역사 교과서에 실렸을 정도로 활약이 널리 알려진 토목공학 기술자다. 근현대사에 조금 관심이 있는 사람이라면 '타이완에 세계 최대급의 댐을 건설한 사람', '광대한 불모지를 타이완 최대의 농업 지대로 재탄생시킨 기술자'라고 알고 있을지도 모른다.

그러나 굳이 말하자면 핫타는 '단지 그것뿐인 사람'이다. 거대한 인프라를 설계하고 기술자로서 토목 공사를 지휘한 것은 사실이지만 그 정도는 국내외를 불문하고 근현대에 많은 일본인이 있었을 것이다.

그런데도 핫타의 경우 공사 준공 100주년 식전에 타이완의 최고 지도자인 총통과 행정원장이 함께 참석하는 등 그 위업을 기리는 것이 이미 타이완의 국가적 행사가 되었다.

왜 이런 사람이 리더인가?

게다가 2004년에 일본을 방문한 리덩후이 총통은 핫타의 고향인 가나자와에 경의를 표하며 방문했고, 다음 총통인 천수이볜은 2007년 5월에 핫타에게 포장(褒章)나라와 사회에 공헌한 사람에게 칭찬하는 표시로 주는 휘장을 내리는 등 지도자가 바뀌어도 그 위업을 칭하는 가치관은 달라지지 않았다. 대체 무엇 때문일까.

핫타 요이치는 1886년 2월 21일 현재의 가나자와시 핫타 마치에서 태어났다. 본가는 유복한 농가로 1907년 9월 도쿄대학교 공과대학에 입학해 토목공학의 기초를 배웠다. 1910년에 졸업을 하고 당시 일제 강점기 15년이 된 타이완으로 건너가 타이완 총독부의 직원으로 기술자 인생을 시작했다.

1917년 31세라는 젊은 나이에 핫타는 큰일을 맡게 되었다. 타이완 남부 개발을 위해 대규모 수력 발전이 가능한 후보지를 조사·측량하여 식량 증산을 위한 관개 계획을 함께 입안하라는 명령이었다. 그로부터 3년 동안 원시림을 걸으며 현지인과 교류를 거듭한 핫타는 타이완 최대의 평지인 자난 평야 전체를 관개하는 수리(水利) 계획과 우산터우 댐의 건설 계획을 세운다.

자난 평야는 가가와현에 필적하는 크기로 도쿄 23개 구의

2.5배에 상당하는 벌판이다. 우산터우 댐 건설은 그곳을 윤택하게 만드는 일대 계획이다. 타이완의 국토가 일본 열도를 이루는 4대 섬 중 하나인 규슈 정도 면적이라고 한다면 그 사업의 크기가 더욱 와닿을 것이다.

비현실적인 계획에 대해 핫타의 상사는 당초 "너 바보야!"라며 일축했지만 핫타는 양보하지 않았다. 타이완의 식량 사정을 개선하고 빈곤과 물 부족으로 힘들어하는 농민에게 균등하게 농업 기회를 주려면 이 방법밖에 없다며 계획 수행을 강하게 주장했다.

지진도 막지 못한 전대미문의 대규모 사업의 실행

핫타가 사업을 설계할 때 절대 잊지 않았던 신념이 있었다. 그것은 '기술이란 그 수익자를 위해 있다'라는 신념이다. 흔한 관제 인프라처럼 만드는 것이 목적인 건물이나 예산 소화를 위한 사업 구상과는 전혀 다르다.

실제로 핫타는 이 계획을 세웠을 때 수리를 최대한 활용하기 위해 자난 평야를 세 군데로 나눠 '3년 윤작 급수법'을 고안하여 쌀, 사탕수수, 채소를 교대로 재배하는 출구 계획까지 세웠다. 목적에서 역산하여 수단을 갖추는, 당연하다면 당연하지만 비용 대비 효과를 최대화하는 설계 사상이다. 그리고 그 계획의 정교함과 치밀함에 두 손 두 발 다 든 타이완 총독부는 마침내 그 계획의 실행과 예산을 승인했다.

이렇게 시작된 전대미문의 대규모 공사가 더 압권이었던 것은 착공 3년 후 1923년에 발생한 관동대지진과 그에 따른 공사 예산의 대폭 삭감 명령 때 핫타가 내린 결단이었다.

도쿄 복구를 최우선으로 한 일본 정부는 불필요하거나 긴급하지 않은 산업을 전부 중지했다. 핫타는 줄어든 예산 탓에 기술자의 절반을 해고하라는 통지를 받았다. 그러나 이러한 세계 최초의 대규모 사업에서 기술자를 절반이나 잃으면 공사 진행은 점점 어려워질 것이 뻔했다.

우수한 인재가 없어도 사업을 완수해낸 동력

이러한 상황에 내몰린 핫타는 망설임 없이 이례적인 결단을 내렸다. 그것은 '일본인, 타이완인 구별 없이 우수한 기술자부터 그만두게 한다'는 것이었다.

우수한 기술자부터 그만두게 한다니. 당연히 감독자급 사이에서는 그렇게 되면 일이 돌아가지 않을 거라는 우려의 목소리가 나왔지만 핫타는 이렇게 대답했다.

"여러분의 걱정은 잘 알지만 우수한 기술자라면 일자리를 다시 구하는 것이 어렵지 않습니다. 그러나 그렇지 않은 사람을 해고하면 가족 모두 거리에 나앉게 됩니다. 부디 이 점을 이해해주시고 그 구멍을 메우는 데 다 같이 협력해주시길 바랍니다."

그리고 핫타는 해고할 사람을 한 명 한 명 부르더니 돈을 조금 더 얹은 임금을 직접 건네며 울면서 사과했다. 그리고 희망자 전원의 재취업처를 직접 알아보고 추천장을 쓰고 지금보다 더 좋은 조건으로 고용되도록 조건 교섭까지 전면에 나섰다.

핫타의 말처럼 우수한 기술자일수록 더 좋은 조건으로 새로운 직장을 준비할 수 있을 것이다. 그러나 핫타는 그들을 모른 척하지 않고 그들이 새로운 일자리를 찾는 데 도움을 주고 자신은 다시 우산터우 댐 건설과 자난 평야 관개 업무에 임하며 공사를 서둘렀다.

왜 이런 사람이 리더인가?

이러한 핫타의 신의와 각오를 접하고서 리더에 대한 손경과 애정의 마음이 깊어지지 않을 사람이 누가 있을까. 결코 쉬운 일은 아니었겠지만 남은 기술자와 노동자는 핫타의 기대에 부응하여 확실하게 그 구멍을 메워 예정했던 일정 안으로 1930년 모든 공사를 완료한다.

그리고 메말랐던 불모의 들판에 풍족하게 물이 돌면서 푸르른 대지로 바뀐 자난 평야는 타이완 최대의 농업 지대로 다시 태어났다. 이것이 한 사람의 리더가 주축이 되어 이루어낸 위업이다.

나에게 핫타라는 사람은 이제 한 명의 기술자가 아니다. 그는 원대한 꿈과 현실주의가 뒷받침된 정치가이자 성과를 내는 경영자이자 큰 조직을 이끄는 리더가 가져야 할 여러 자질을 체현한 사람처럼 느껴졌다.

당시 타이완 총독부 예산의 44%를 차지한 4,200만 엔이라는 거액의 예산 획득으로 시작해 큰 사업을 완수하는 데 필요한 중장비를 미국으로 건너가 준비하고, 새로운 기술의 도입을 꺼리는 현장에 일체의 타협 없이 자신의 방침을 철저하게 관철한 굳은 신념.

그 실행력은 평범한 정치인이나 경영자와는 전혀 비교가

안 된다. 역사상 핫타와 견줄 만한 용기, 지혜, 신의와 다정함이 넘치는 리더를 나는 그 말고는 전혀 본 적이 없다.

그리고 그로부터 100년의 시간이 지난 지금도 우산터우 댐은 자난 평야를 윤택하게 만들고 핫타에 대한 기억과 함께 타이완 사람들의 마음을 충만하게 만든다.

사람을 소중히 여기는 '본질'을 잊어서는 안 된다

나는 왜 타이완의 한 기업에서 비즈니스 미팅을 하며 앞으로 타이완의 더 큰 약진을 엿볼 수 있었을까.

그때 일본인 부사장은 "저는 일본 기업에서 잘린 기술자입니다"라는 말로 자신에 대한 이야기를 시작했다. 그리고 누구나 아는 일본의 가전 전문 대기업의 이름을 대곤 2000년대 초 정리해고를 당한 뒤 타이완으로 건너와 현재의 사장에게 스카우트되었다고 말했다.

회장은 마쓰시타 고노스케의 삶을 예로 들며 그의 경영 사상에 열변을 토하기 시작했다.

"일본의 경영자는 기술자를 너무 쉽게 생각해요. 사람을 소중히 여기는 본질을 잃는다면 국가도 기업도 앞으로 나아갈 수 없어요."

부사장도 그런 회장의 기대에 부응하기 위해 기업 상장과 기술 혁신에 지대한 공헌을 하고 일본용 제품에서도 매출을 크게 올렸다.

요컨대 일본 기업은 성가신 중장년을 쫓아내기 위해 경쟁 상대에게 더할 나위 없는 기술과 기술자를 무상으로 제공한 것이다. 가난하면 사리 판단이 흐려진다고는 해도 이런 한심한 이야기가 또 있을까.

인상적인 미팅이 끝난 후 나는 타이베이를 떠나 타이중, 타이난, 가오슝 등 타이완의 여러 지역을 다니면서 많은 경영자와 만날 수 있었고 그때마다 크든 작든 비슷한 감정의 위기감을 느꼈다.

반대로 현재 일본 기업의 경영자는 어떤 메시지를 직원들과 사회에 전달하고 있을까.

'해고 규제를 완화해야 한다.'

'국제 경쟁력을 높이기 위해 정년 연령을 낮춰야 한다.'

라는 식으로 사람을 '자산'이 아닌 '부채'로 여기는 리더의 발언이 두드러지지 않을까.

물론 이러한 발언은 언론에 의해 자극적으로 편집된 측면이 있을 수도 있다. 또 시대의 변화 속에서 일본 기업의 경영자들이 느끼는 위기감에는 일리가 있으며 이를 감정적으로 비판만 해서는 얻을 수 있는 것도 적다.

그러나 한편으로 적지 않은 경영자가 '우수한 사람만 모으면 회사가 잘 돌아갈 텐데'라며 한심한 몽상을 하는 것 역시 사실이 아닌가. 단언할 수 있는 것은 우수한 사람만 남겨도 조직은 결코 강해지지 않으며, 평범한 사람만 모은다고 해서 약한 조직이 되지 않는다.

만일 리더가 자신이 운영하는 회사에 대해 '국제 경쟁력이 없다'라고 생각한다면, 그것은 리더 자신이 '전 세계에서 싸울 만한 그릇이 아니다'라는 것에 지나지 않는다. 직원 해고가 어렵다는 것을 한탄할 게 아니라 자신을 돌아보아야 한다.

시대가 변하고 일본이 여러 사회 제도를 고쳐야 한다는 것은 사실일 것이다. 그러나 시대가 변해도 지켜나가야 할 가치관이 있다. 그것은 '사람은 부채가 아닌 자산이다'라는 흔들리지 않는 진실이다.

그리고 그런 삶의 방식과 가치관을 관철하는 것이 바로 '일개 토목 기술자'가 한 나라를 일으키고 지금도 여전히 존경받는 진짜 이유가 아닐까.

　'사람을 소중히 여기는 본질을 잃는다면 국가도 기업도 나아갈 수 없다'는 원리 원칙. 이제 우리가 타이완 사람들로부터 배울 차례일지도 모른다.

06

리더는 직원에게
얼마나 많은 재량권을 줘야 하는가?

비용 대비 효과를 따지는 리더가 외로운 이유

'장을 보는데 그렇게 멀리까지 가서 할인 상품을 산다고? 차라리 그 시간에 아르바이트라를 하나라도 더 하는 편이 이득 아니야……?'

표현의 차이는 있겠지만 살면서 누군가에게 이러한 '설교'를 들은 적이 있는 사람이 많지 않을까. 효율적인 시간 사용법이나 투자법을 이해하지 못한다는 취지로 하는 이야기다.

오늘날 시세로 보면 1시간 일하면 1,000엔을 벌 수 있다.

장보기에서 예컨대 500엔을 절약하는 것보다 그 시간에 차라리 일을 하는 편이 이득이라는 것은 비용 대비 효과 면에서는 맞는 말이다.

그러나 나는 젊은 시절부터 이렇게 비용 대비 효과만을 따지는 설교 따위에 납득한 적이 한 번도 없다.

'애초에 그런 형편 좋은 아르바이트가 있을 리가 없다.'라는 이야기와는 다르다. 현실적인 이야기나 비용 대비 효과를 논하기 전에 한 사회를 함께 살아가는 인간으로서 인식에 뭔가 잘못되었다는 수준의 위화감을 느꼈기 때문이다.

그 위화감이 어떤 것인지에 대해서는 내가 나이가 들어 아저씨가 된 후에 주변을 둘러보며 깨닫게 된 것 사실이 있다.

첫 번째는 비용 대비 효과를 논하며 이러한 설교를 좋아했던 리더들은 거의 예외 없이 사람들의 존경과 신뢰를 얻어 성공했다고 할 수 없는 형태로 은퇴했다는 것이다.

두 번째는 설령 비용 대비 효과 면에서는 조금 무모해 보이는 일에 도전했더라도 마음을 담아 뭔가를 해내려고 한 동료들이야말로 마지막까지 존경받는 리더가 되어 활약하고 있다는 것이다.

그 이유가 지금에서야 겨우 이해되기 시작했다.

더 큰 이익을 위해 직원의 재량을 인정한 기업들

다른 이야기지만 고급 백화점으로 유명한 미국의 노드스트롬에 대해 살펴보자. 인터넷 통판의 대두로 비즈니스 모델이 많이 달라진 모양이지만 그래도 120년 이상 전통의 미국을 대표하는 노포 기업 중 하나다.

'절대로 No라고 말하지 않는 백화점', '반드시 환불해주는 백화점' 등 노드스트롬을 가리키는 다른 여러 수식어가 많고, 많은 비즈니스 도서에 소개되는 등 '고객 만족'의 대명사격인 기업이라고 해도 될 것이다. 노드스트롬에 관해 이런 이야기가 있다.

어느 날 한 여성이 세일 기간을 맞아 백화점을 방문했다. 한 의류 매장에서 슬랙스가 마음에 들었는데 아쉽게도 재고가 없었다. 그녀를 응대하던 판매 매니저는 다른 매장에 전화를 걸어 제품을 찾아보았지만 안타깝게도 찾지 못했다. 그때 문득 매니저의 머릿속에서 이런 생각이 떠올랐다.

'그래, 라이벌 업체이지만 비슷한 슬랙스가 있었어!'

매니저는 반대편에 있던 라이벌 매장으로 가서 슬랙스를 사 왔고, 고객에게는 그것을 세일 가격으로 주기까지 했다.

왜 이런 사람이 리더인가?

직원이 이런 행동을 하면 어떤 기분이 들까. 단번에 그 가게, 그 점원의 영원한 팬이 될 게 분명하지 않은가.

그런가 하면 전 세계의 팬을 매료시킨 디즈니랜드의 이야기도 있다.

어느 날 디즈니랜드에서 인기 있는 놀이기구인 스페이스 마운틴에 줄을 서 있던 여자아이가 있었다. 그 아이는 아이스크림을 먹으며 자신의 순서를 기다리고 있었다. 그러나 잠시 후 자기 차례가 되고 아이는 아이스크림을 든 채로는 탈 수 없음을 깨닫는다. 소리 높여 우는 아이를 본 스태프가 달려와 이렇게 말했다.

"괜찮아! 언니가 들고 있을게. 출구에서 기다릴게!"

그리고 여자아이가 출구에서 내리자 그곳에는 새 아이스크림을 손에 들고 웃는 얼굴로 아이를 반겨주는 그 직원이 있었다.

사실 그 직원은 기구 운영 시간을 계산해 아이가 나오기 직전 근처 매점에서 같은 아이스크림을 사서 출구에서 기다리고 있었다. 아이는 눈치채지 못하고 천진난만하게 고맙다고 했는데 당연히 아이 부모님은 그 스태프의 연출에 진심으로 감동했을 것이다. 이 부모가 디즈니랜드의 영원한 충성 고객이 되어 친구들에게도 그 꿈 같은 경험을 말할 것임에 의심의 여지가 없다.

노드스트롬과 디즈니 이야기에서 배워야 할 사고방식은 무엇일까. 그것은 고객 만족을 위해 최선을 다한다는 우화적 교훈이 아니다.

'현장 직원이 어떻게 자신의 판단으로 그런 일을 그 자리에서 결정할 수 있었는가?'

라는 조직 운영의 지혜에 대해 생각해야 한다.

나였다면 같은 상황에서 같은 판단을 내릴 수 있었을까. 아마 많은 회사에서는 이런 행동으로 경비를 지출한다면 크게 혼나거나 자칫하면 본인이 비용을 부담하게 될 수도 있다.

"손님, 죄송합니다만, 저희는 도움을 드릴 수가 없습니다."

그리고 고객은 실망감에 떠나 다시 돌아오지 않을 것이다.

그렇다면 왜 노드스트롬과 디즈니, 두 회사는 가능할까.

"책임질 수 있어?"라고 말하는 리더는 불합격

노드스트롬의 경영 지침을 담은 직원 핸드북의 첫 번째 교정에

왜 이런 사람이 리더인가?

는 이렇게 적혀 있다.

"당사에서는 어떤 경우에나 결정하는 것은 여러분 자신입니다."

그 명문화된 지침과 함께 현장 재량은 모두 직원 한 명 한 명에게 있다는 것을 규범화했다. 반대로 말하면 고객 만족에 반하는 소극적인 판단은 규정 위반이 된다.

이것은 디즈니에서도 마찬가지다. 디즈니에서는 '손님에게 마법을 계속 거는 것'을 가장 지켜야 할 가치관으로 둔다. 그에 필요한 판단과 재량을 모두 전 스태프에게 부여한다.

'위험을 두려워하는 것'은 고객을 위해서가 아니라 자신의 안위를 위한 판단이기에 당연히 규정 위반이다.

"무슨 일이라도 생기면 어떡할 거야! 책임질 수 있어?"

입만 열면 습관처럼 책임을 따지며 일을 도와주기는커녕 방해를 하는, 우리가 잘 아는 그런 리더 따위는 그곳에 존재하지 않는다. 그런 리더는 그곳에 존재할 수가 없다. 있다면 바로 해고를 당해서 사라질 테니 말이다.

'현장 직원들에게 그렇게까지 큰 재량을 주면 리스크가 있을 것이다.'

물론 그런 의문을 가진 사람도 적지 않을 것이다. 과거 같은 의문에 부딪혔던 노드스트롬의 상급 부사장 렌 쿤츠는 그에 대해 이렇게 답했다.

"대부분의 일은 양식(良識)뛰어난 식견이나 건전한 판단이 있으면 판단할 수 있습니다."

부하를 믿지 않는다면 그것은 동료의 양식을 의심하는 것과 다름없다. 바꿔 말하면 그런 리더야말로 양식이 없는, 불합격 리더다.

다만 그래도 아직 의문이 남는다. 아무리 제도로 정해도, 현장에 재량을 주어도 그렇게까지 대담한 의사결정은 쉽게 할 수 있는 게 아니기 때문이다. 어떻게 자발적으로 그렇게까지 할 수 있을까.

아니, 왜 고객을 위해 그렇게까지 노력할 수 있을까.

수고를 들여 정성을 다한 요리 한 접시의 의미

'비용 대비 효과가 안 좋은 절약'에 대해 다시 이야기해보자. 왜 이러한 설교를 하는 것이 사람으로서 잘못되었다고 단언할 정도의 위화감이 들까.

왜 이런 사람이 리더인가?

우리에게는 무한한 돈 따위 없다. 부자라 해도 모든 문제를 돈으로 해결하려고 한다면 그러한 사람은 반드시 도태될 것이다.

오히려 돈 이외의 해결 방법이기 때문에 좋은 지혜와 최적의 답이 나오는 것이 우리가 경험한 지식이다.

경영 재건을 담당하던 시절 나는 보수를 반납하고, 생명보험도 모두 해약하는 등 최대치까지 가계의 허리띠를 졸라맨 적이 있었다.

그런 가운데 쉬겠다고 정한 날에는 요리를 취미로 즐겼다. 물론 비싼 재료는 구매하지 않았다. 집에서 멀리 떨어진 업소용 식자재 마트에서 특가로 닭가슴살을 사거나 가끔 사치를 부릴 때는 소고기 사태를 구매하는 정도였다. 그대로 구우면 퍽퍽하고 딱딱해서 먹을 수 없을 정도의 품질이었지만.

그러나 어떤 재료든 정성껏 손질하고 장시간 약한 불로 푹 끓여 잘 조리하면 '극상의 한 접시'로 바뀐다. 당연히 거기에 드는 수고와 시간은 상당하다.

만약 그 시간에 대해 '아르바이트라도 해서 식당에 가는 편이 비용 대비 효과가 좋잖아'라고 한다면 어떨까. 그러한 얕은 생각으로 이 세상을 안다는 듯 설교하는 사람에게 공감할 수 있을까.

먹을 사람을 생각하고 정성을 다한 곳에는 반드시 시간과 돈 이상의 마음이 있다. 그것은 분명 '돈을 쓰는 것보다 마음을 쓰는 것이 사실은 비용 대비 효과가 좋다'는 사실이다.

수고를 들여 정성을 다하고 맛있는 한 접시를 만들어낸 요리에는 그것을 가르쳐주는 힘이 분명하게 있었다.

직원도 고객도 불행한 기업은 도태되고 만다

노드스트롬과 디즈니 이야기로 돌아가보자. 두 회사에 통용되는 고객 만족의 본질은 결국 '닭가슴살'이자 '소고기 사태'일 것이다.

어떤 장사든 그렇지만 고객은 쉽게 충성 고객이 되어주지 않는다. 형식뿐인 사은품과 가격 할인 세일 따위 아무리 돈을 들여도 사람의 마음이 움직이지 않는다. 정성을 다하고 그 마음이 상대에게 닿았을 때 비로소 충성 고객이 된다는 것을 우리는 잘 알고 있을 것이다.

나 역시 그렇기 때문이다.

왜 이런 사람이 리더인가?

그것이야말로 진정한 의미에서 힘을 쏟아야 할 비용 대비 효과가 좋은 투자다. 판매의 본질은 결코 '슬랙스'나 '스페이스 마운틴'이 아니라 '고객의 행복'이라는 것이다.

그리고 사람은 자신의 서비스로 다른 사람을 행복하게 만드는 '뿌듯함'을 느끼면 나중에는 자기도 모르게 그렇게 행동하게 된다. 고객이 행복을 느낄 때 사실 고객 이상으로 행복한 것은 자신이니까.

따라서 일을 잘하는 사람이란 '비용 대비 효과가 좋은 식당'이 아니라 '닭가슴살이나 소고기 사태에 정성을 들일 줄 아는 사람'일 거라고 확신한다.

사원 모두 '고객을 행복하게 만들고 싶다'라고 바랄 수 있는 구조가 마련되면 어떤 업종이든 반드시 성공할 수 있다. 노드스트롬과 디즈니의 성공은 그것을 가르쳐준다.

반대로 직원이 고객의 행복을 우선시할 수 없는 회사는 고객도 직원도 불행할 수밖에 없는 도태되어야 할 기업이다.

우리 조직은 어떤지 회사 경영자와 리더는 다시 한번 생각해보는 것이 어떨까.

2장

조직을
살리는

리더가 되라

왜
이런
사람이
리더인가
?

01
돈과 인간관계 문제로
직원이 힘들어한다면

월급에 대한 불만으로 그만둔 직원의 이야기

벌써 꽤 오래전 이야기지만 부하 직원이 나에게 한번 심하게 대든 적이 있었다.

"지금의 월급으로는 미래가 보이지 않습니다. 이제 진짜 회사를 그만둘 생각입니다……."

무리인 이야기도 아닌 것이 월급은 업계 평균보다 낮고, 상여금이라고 부를 만한 금액도 지급하지 못하는 회사였다. 승진도 기대할 수 없고, 미래에 희망을 품을 수 없다면 젊은 사원

일수록 의욕을 잃어버리는 게 당연할 것이다.

언젠가 그와 술을 마셨을 때 결혼을 생각하는 여성이 있다는 이야기를 한 적이 있으니 더욱 그럴 것이다.

"자네 마음은 이해해. 내가 같은 입장이라도 이직을 생각할 거야. 하지만 월급만이 이유라면 지금은 그만두지 마. 차라리 부업으로 돈을 벌어서라도 선택지를 늘리는 것을 생각해."

"부업은 취업 규칙으로 금지되어 있잖아요. 말도 안 되는 소리 하지 마세요."

"들키지 않도록 하면 돼. 유능한 사원을 잃을 것을 생각하면 별거 아니야."

내가 담당 임원으로서 책임질 테니 마음껏 해도 상관없다고, 자격과 경력도 충분하니 10만 엔 정도는 추가로 바로 벌 수 있을 테니 일단 생각해보라고 말했다.

"말씀은 고맙지만 몸이 힘들어서 충분한 수입을 주는 회사로 옮기고 싶어요."

"뭐, 그렇지……. 솔직히 설득할 거리가 없어서 나도 더는 붙잡을 방법이 없네. 앞으로 잘 생각해보고 결론을 내려."

"……알겠습니다. 고맙습니다."

결국 그는 얼마 후 회사를 떠났는데 억지로라도 퇴사를 막

왜 이런 사람이 리더인가?

아야 했나 지금도 후회될 때가 있다. 그는 분명 이지음 반복하며 결국 궁지에 몰릴 타입이라는 것을 알고 있었으니까.

소설로 들여다본 '불합리한 관계'의 문제

뒤에 나오는 이야기기는 일본에서 1907년에 출간되어 자연주의 문학의 명작이라 불리는, 다야마 가타이가 쓴 소설《이불》의 줄거리를 현대판으로 각색한 것이다.

나에게는 작은 디자인 회사를 경영하는 오랜 친구가 있다. 나쁜 녀석은 아니지만 조금 뒤틀린 가치관을 가지고 있어서 특히 여자관계에서는 술을 마실 때마다 듣기 힘들 정도의 화제를 던지는 아저씨다.

"사무실에 장기 인턴 직원으로 여대생을 한 명 뽑았어. 내가 하는 일을 보고 동경해서 '사장님 밑에서 배우고 싶어요'라며 오카야마에서 일부러 도쿄까지 왔지."

혈색 좋은 얼굴로 한껏 웃으며 말하는 그를 보니 이야기는 대강 상상이 갔다. 그러나 이날 그의 짐승 같은 모습은 상상 이상으로 분위기를 싸하게 만들었다.

"알다시피 우리 집사람은 애를 세 명이나 낳았잖아? 이제 여자로 보기 무리야. 그럴 때 이런 젊고 예쁜 여대생이 나를 사모하다니 아주 기뻐 죽겠어."

"자네는 여전히 구제불능이구먼. 설마 성희롱 같은 거 한 거 아니지?"

"걱정하지 마, 우리 집 근처 맨션을 빌려서 살게 해준 것뿐이야. 일이 끝난 후에도 집까지 데려다주고 제대로 가르치고 있다고."

……맙소사, 그의 이야기는 걱정 차원을 넘어섰다. "그게 성희롱이야"라는 말이 목까지 올라왔지만, 나한테 대체 무슨 말을 듣고 싶은 거냐고 묻자 더 아슬아슬한 말을 하기 시작했다.

"미안, 미안. 사실 신경 쓰이는 일이 있어서. 여기에서 친하게 지내는 남자가 생긴 모양이야. 남자친구는 아니라고 하지만 나한테 숨기고 몇 번이나 만난 것 같아."

"그러니까 그야, 당연히 만날 수 있지. 네 애인이 되는 것보다는 훨씬 건전해."

"그렇게 말하지 마, 아직 기회가 많은데 아깝잖아. 뭔가 늦기 전에 헤어지게 할 좋은 방법 없을까?"

그리고 그 인턴 직원은 디자인에 재능이 있다고 했다. 지금 자신이 스승으로서 제대로 가르치면 재능을 꽃피울 가능성이 있다고. 그러면서 인턴으로 도쿄까지 온 이상 남자와 헤어지고 디자인 공부에 전념해야 하는 게 아니냐며 열변을 토한다. 염치없는 성욕과 지배욕을 정당화하는 정신 나간 논법이었지만 눈빛은 너무 진지했다.

"욕 안 할 테니까, 그 직원을 여자로 보지 마. 인턴의 성별은 자네한테 아무런 의미도 없어. 자네 입장을 생각해."

그날은 이 정도로 조언을 하고 헤어졌지만 그는 그 후에도 여전히 그 인턴이 얼마나 예쁜지 말하곤 했다. 뭐, 그 인턴이 그를 이성으로 보지는 않을 테니 금방 사그라들겠지.

그렇게 생각하고 적당히 넘기던 어느 날 또 그가 술을 마시자고 했다. 그러나 이번에는 이전과 달리 텐션이 확연하게 낮았고, 거친 말을 남발하는 것으로 봐서 홧김에 마시는 술임을 예고했다.

"들어봐……. 그 인턴 뭔가 이상한 것 같아서 뒤를 밟았더니 남자랑 호텔에 들어갔어. 그렇게 편의를 봐줬는데 이건 배신이야. 어떻게 나한테 그럴 수가 있어?"

그는 이미 거하게 술을 마신 상태로 몸에서 술 냄새가 심하게 났다. 그는 역겨운 말을 크게 내뱉으며 독한 술을 단숨에 들이켰다.

"아니, 호텔에 갈 수도 있지. 대체 뭐가 문제야?"

"인턴은 공부에 전념해야 해. 내 가르침을 지키지 않는 녀석을 제자로 둘 수는 없어. 괘씸해서 본가에 전화해서 '당신 딸은 인턴을 핑계 삼아 도쿄에 와서 남자를 만납니다'라고 말해 줬어."

그리고 그날 그 인턴을 집에서 내쫓고 회사에서도 해고했다고 했다. 남자친구한테는 그녀를 부모 곁으로 돌려보냈다고 홧김에 SNS로 메시지를 보냈다며 떠들어댔다. 상도를 벗어났지만 섣불리 말하면 역효과다…….

"그래, 그럼 도대체 내가 자네한테 무슨 말을 해주길 바라는 거야?"

"미안한데, 사실은 봐줬으면 하는 게 있어."

그렇게 말하고 그는 종이봉투에서 하얀 티셔츠 한 장을 꺼냈다. 티셔츠는 세탁을 하지 않았는지 땀범벅에 색이 변해 깨끗해 보이지 않았다.

"이것 좀 봐봐. 목 주변이 갈색으로 얼룩져 있잖아?"

왜 이런 사람이 리더인가?

"……."

"이거 그 애가 집에 두고 간 거야. 봉제선에 밴 땀 자국, 젊은 여자 냄새가 나지 않아? 쫓아낸 거 후회하고 있어. 나 어떡하면 좋을까?"

이상 앞의 이야기는 유명 소설의 줄거리를 각색한 내용이지만 다시 봐도 충격적이긴 하다. 문학사에 길이 남을 명작을 이용해 추문의 사례를 든 것에 대해서는 사과하고 싶다.

불합리한 관계의 문제는 지금도 현재진행형

소설 《이불》의 원작에서는 소설가인 주인공을 디자인 사무실 경영자로 바꾸고 이불의 묘사를 티셔츠로 바꿨지만, 대사와 그 불쾌함은 원작을 가능한 한 그대로 재현하려고 했다.

그리고 이 소설의 대단한 점은 사소설, 즉 작가의 경험담을 바탕으로 자신을 주인공으로 삼아 그린 이야기라는 것이다. 주인공은 작가인 가타이 자신이며, 소설의 모델이 된 여학생과 남자친구도 실재하는 인물이다.

출간 당시 세간을 놀라게 한 명작이라는 평가를 받는 이유에 대해 언론에 따라 다소 차이는 있지만 대개 다음과 같은 평가를 내린다.

"중년 남성의 질투라는 터무니없이 사소한 일조차도 역시 소설이 될 수 있다는 것을 가타이는 증명했다." (《아사히신문》, '고전 백명산 : 82 다야마 가타이 《이불》 히라타 오리자가 읽는다', 2020년 7월 18일)

바꿔 말하면 그 부도덕함과 짐승 같은 내용으로 화제가 된 게 아니다. 세간에 흔한 '중년 남성의 질투 이야기'를 묘사하는 기술과 수법이 참신하고 뛰어나 높은 평가를 받은 것이다.

여성과 제자를 대하는 방식도 세태를 반영하여 사실적이었을 것이다. 현재의 가치관으로는 분명히 논란이 되겠지만 시대적 배경을 생각하면 전혀 이상하지 않다는 것이다.

그러나 여기에서 '문제'가 되는 점이 있다. 과연 이것이 100년 전의 세계관일까? 우위에 있는 경영자가 직원을 불합리하게 복종시키고 비뚤어진 욕망으로 권력을 휘두르는 것은 정말 과거의 가치관이라고 단언할 수 있을까.

기업에서 고용주와 직원, 학교에서 선생님과 학생, 가정에서 남편과 아내의 관계에서 혹시라도 불합리한 감정에 몸과 마음이 피폐해진 사람에게는 결코 옛날이야기일 리가 없다.

인생의 선택지를 늘려라

과거 이직을 고민했던 부하 직원 이야기로 돌아가보자. 내가 그 직원에게 부업을 제안하면서까지 퇴사를 말리고, 이직을 반복하면 인생이 더욱 힘들어질 거라고 생각한 데는 이유가 있었다.

그는 정해진 일을 소화하는 데는 믿음직하고 훌륭한 젊은이였지만, 한편으로는 타인에게 쉽게 의존하는 타입이었다. 문제가 생기면 필요 이상으로 평정심을 잃고 주변에 의지하며 자신의 강점을 만들지 못했다. 그런 그가 '이직만 하면 월급이 오를 거야'라고 생각하고 다른 회사로 옮기면 어떻게 될까.

'이직만 하면 인간관계가 좋아질 거야.'

'이직만 하면 좀 더 성장할 수 있는 일을 맡게 될 거야.'

그런 식으로 문제의 소재를 '자신 이외의 누군가'에게 찾고 그 해결을 '자신 이외의 뭔가'에 계속 의지하려 할 것이다. 그렇기에 급여가 문제라면 부업으로 돈을 벌고 '인생의 선택지를 늘려라'라고 조언했던 것이다.

실제로 여러 개의 수입 수단을 갖게 되면 마음에 한결 여유가 생겨서 불합리한 명령이나 환경에 대해 시시하게 여기게 된다. 자신의 가치관으로 일을 선택하게 되고 이직의 선택지도 인생의 기회도 놀라울 정도로 커진다.

바꿔 말하면 경제적·심리적으로 회사나 누군가에게 의존하면 그것이 불합리함을 받아들이는 약점이 되는 것이다. 마치 이야기 속 학생이 '디자인 사무실 경영자'의 이런저런 괴롭힘으로 궁지에 몰리고 해고되는 것처럼 말이다.

종신 고용이 붕괴된 시대, 이제 회사라는 조직에 의존해봤자 아무것도 좋을 게 없다. '부업 금지'라는 규칙은 '사원에게 회사에 대한 의존을 강요하는 규정'이며 이제는 정서적 학대라고도 할 수 있는 최악의 수다. 회사에 의존하게 만들면서 종신 고용이 약속되지 않다니 이런 불합리한 회사에 훌륭한 인재가 모이기란 어렵지 않겠는가.

그러니 사람들은 반드시 N잡과 부업으로 기술을 연마해 인생의 선택지를 늘리길 바란다.

덧붙여 여담이지만 다야마 가타이의 《이불》은 분명 문학사에 남을 명작이기는 하지만 '기분 나쁜 아저씨의 기분 나쁜 소설'이라는 비참한 서평도 많다. 기분 나쁜 소설이긴 해도 사람의 마음에 자국을 남기는 연유로 명작이라는 평도 덧붙인다.

이렇게까지 적나라한 본심을 터부시하지 않고 쓰다니 도

무시 평범한 사람은 할 수 있는 일이 아니다.

적어도 나는 쓸 수 없다…….

02
가장 지독한 직장 내 괴롭힘은
'쓰레기 같은 일'이다

지루한 일보다 더 고통스럽고 견디기 어려운 일

인생에서 가장 힘들었던 아르바이트를 꼽는다면 도로 현장에서 교통 경비원으로 일했던 기억이 떠오른다.

교통 경비원의 일이란 국도를 지나는 한 시골의 600미터 정도 되는 길에서 공사를 위해 밤 10시부터 아침 6시까지 통행을 중지시키는 것이었다. 내 역할은 통행 금지 입구에 서서 바리케이드에 이상이 없는지 그저 망을 보는 것뿐이었다.

1월 하순, 내가 경비를 보던 곳에서 공사 현장은 전혀 보이지 않아 작업 소리조차 들리지 않았기에 어쨌거나 한가했고 또 매우 추웠다. 칠흑같이 어두운 심야, 눈이 내리는 산간부의 정적 속에 혼자서 가만히 서 있는 도깨비 모형과 내가 하는 일은 비슷했다.

아무것도 할 일이 없으니 조용히 스마트폰 게임이라도 하면 되겠다고 생각할지 모르나 때는 1990년대 전반이다. 스마트폰은커녕 인터넷도 아직 일반적으로 보급되지 않았으며 애초에 경비 일이라 딴짓 같은 것은 엄격하게 금지되었고, 8시간 동안 그 자리에 서 있는 것밖에 허락되지 않았다.

'인간에게 지루한 것만큼 힘든 일은 없구나…….'

대학생의 어리석음으로 편하게 많은 돈을 벌 수 있는 아르바이트를 고른다고 고른 것인데 결과적으로 이보다 힘든 일은 없다는 것을 깨달은 경험이었다.

그로부터 꽤 시간이 지나고 이제는 나이 지긋한 아저씨가 되어 돌아보니 인생에는 그보다 훨씬 더 고통스럽고 견디기 어려운 일이 많았던 것 같다. 그리고 여전히 많은 리더가 이를 자각하지 못한 채 그런 일을 부하나 거래처에 강요한다.

쓸모없고 의미 없는 일을 시키는 리더가 되지 마라

다른 이야기지만 과거 경영 재건을 담당했던 오사카의 중견기업에서 있었던 일이다. 창업주가 일대 30년 동안 일구어낸 지방에서는 꽤 알려진 훌륭한 회사다.

인사도 하는 둥 마는 둥 내가 가장 먼저 향한 곳은 공장 제조부였다. 그리고 일일제작일지와 제조보고서를 보여 달라고 의뢰했는데 현장 리더에게서 갑자기 날카로운 한마디가 날아들었다.

"또요……? 대단하신 분들은 다들 그래요. 일지를 써라, 데이터를 제출하라, 같은 말만 해요."

제조부 과장을 맡은 그녀는 분노를 숨기지 않고 나의 방문을 노골적으로 거절했다. 게다가 일주일치 데이터라며 종이 더미를 책상에 내동댕이치더니 마음껏 보라고 말했다.

"누구신지는 모르겠지만 우리가 매일 몇 종류의 보고서를 쓰는 줄 알아요?"

"파악하지 못했습니다."

"사장님, 사업부장님, 공장장님, 영업부장님용, 네 종류예요. 게다가 전부 양식이 달라요. 내용은 모두 같은데."

왜 이런 사람이 리더인가?

"······그렇군요."

"우리는 이 보고서를 만들기 위해 매일 1시간 이상이나 무보수로 잔업을 해요. 그런데 오늘부터는 당신 몫까지 만들라고 말하러 온 거예요?"

내동댕이쳐진 종이를 얼추 들고 살펴보니 과연 그녀의 분노가 충분히 이해되었다. 무의미하고 무질서한 색 사용, 글자 장식, 괘선 사용 방식 등 일을 못하는 인간이 만든 액셀 양식이라는 것은 분명하다.

게다가 기재를 요구하는 내용도 '제조 실적', '제조원가', '예정 매출' 등 같은 데이터만을 보고하도록 한 것이다. 그녀들이 그것을 컴퓨터 화면을 보면서 몇 번이나 네 개의 다른 보고서에 반복해서 손으로 입력하는 형국이다. 이래서는 스트레스가 안 쌓이는 게 이상할 것이다.

"과장님, 이 숫자를 입력할 때 베이스가 되는 데이터가 있을 겁니다. csv 형식으로 출력할 수 있을까요?"

"······가능하긴 한데."

"그렇다면 이 보고서 양식과 그 csv 데이터를 저에게 보내주세요. 잠시 책상 한쪽을 빌리겠습니다."

그렇게 말하고 나는 그 자리에서 네 종류의 쓰레기 같은 양식을 한 종류로 통합·정리했다. 그리고 csv에서 필요한 데이터를 옮겨 쓰는 매크로 프로그램을 만들고 제조 과장 이하 직원을 모아 설명을 시작했다.

"일지 말인데요, 이 버튼을 누르면 자동으로 완료되도록 했습니다."

"네? 어떻게요?"

"말도 안 돼! 우리가 했던 쓸데없는 일은 뭐였던 거야!"

그렇게 말하고 그녀들은 눈을 반짝이며 스트레스를 주는 쓸데없는 일에서 해방된 것을 입을 모아 기뻐했다. 그리고 이 일을 계기로 매일 어려운 점을 적극적으로 나에게 상의했고 큰 도움이 되었다.

이런 이야기는 너무 많아서 일일이 말할 수도 없다. 언젠가 총무부를 돌다가 직원들이 대량의 타임카드를 책상 위에 쌓아두고 다들 밤늦게까지 뭔가를 작업하는 것을 발견한 적이 있었다. 대체 무슨 일을 하는 거냐고 물으니 타임카드 수백 장을 엑셀에 직접 입력하고 있다고 했다. 그래서 월초에는 총출동해서 매일 늦게까지 무보수 잔업을 강요당하고 있다고 설명했다.

"데이터를 직접 다룰 수 있는 타임레코더 본체가 1대에 10만 엔도 안 할 거예요. 왜 그런 일을 수작업으로 하시는 거죠?"

"사업부장님한테 기각당했어요. 가난한 회사에서 그런 투자를 할 여유가 있느냐고……."

투자할 여력이 없는 것은 맞을 것이다. 그렇다고 해서 쓸데없고 무의미한 이런 작업을 삭감할 수 있는 가치는 10만 엔으로 소란 떨 정도는 아니지 않은가. 무엇보다도 사원에게 무보수 잔업을 시키면 공짜라는 사고방식이 근본적으로 정상이 아니다.

물론 이것 역시 바로 태세를 바꿔 다음 달에는 새로운 타임카드 운용을 시작했다. 총무부 모두가 기뻐한 것은 말할 것도 없지만 효과는 그것뿐만이 아니었다. 파트타임 아르바이트의 근무 상황도 가시화되어 인원의 최적 배치에 크게 공헌하게되었다. 당연한 이야기지만. 결과적으로 겨우 10만 엔의 투자는 월 수백만 엔의 노무비 최적화로 이어졌다.

이렇게 나는 회사의 흑자화에 성공했지만 내가 한 일은 정말 이 정도의 일에 지나지 않는다. 분명하게 쓸데없고 무의미한 일을 그저 멈추게 한 것뿐이다.

단언할 수 있지만 세상에는 이처럼 부하의 발을 묶는 '쓰레기 같은 일(Bullshit Jobs)'을 강요하는 리더가 넘친다. '관리하고 있다는 감각'을 위해 쓸데없는 일을 만들어내고 회사의 이익도 신뢰도 허사로 만드는 구제불능인 인간들이다.

과히 악질이라 할 수 있는 이런 리더들은 '사원을 장시간 일하게 하는 것이야말로 관리 능력'이라는 그릇된 가치관을 가진 경우가 많다.

쓰레기 같은 일을 시키는 리더를 배제하는 것만으로도 많은 회사에서는 틀림없이 이익이 늘어난다. 물론 직원 만족도 역시 현격히 개선된다.

부디 경영이 잘되는 회사든 그렇지 않은 회사든 참고하길 바란다.

'쓰레기 같은 일'은 괴롭힘이다

러시아의 전신인 소련에서는 포로에게 '죄수의 구명 파기'라는 벌을 내렸다. 매일 아침부터 오로지 땅속에 구명을 파고, 밤이 되면 자신이 판 구명을 메우고 돌아오라는 명령이었다.

구명의 크기도 깊이도 교도관 마음대로이며 무의미한 작업이라는 것은 의심할 여지가 없는 '일'이다. 그런 생활을 한 달이나 계속하게 하자 아무리 힘이 센 포로도 눈물로 호소하며 교도관에게 순종하게 되었다고 한다.

즉 인간에게 지루한 것보다 훨씬 고통스럽고 마음을 파괴하는 일이란 '쓸데없는 무의미한 작업'이다. 그야말로 '쓰레기 같은 일'이다.

네 종류의 문서 양식에 같은 데이터를 반복해서 입력하게 하고 그것이 문제라고 생각하지 않는 리더, 수백 명분의 타임 레코드를 눈으로 보고 엑셀로 직접 입력하게 만들고 경비 삭감이라고 생각하는 리더, 이런 리더들에게는 절대로 부하와 조직을 맡겨서는 안 된다.

'쓰레기 같은 일'을 지시하는 리더의 존재야말로 가장 흉악한 직장 내 괴롭힘이자 '죄수의 구멍 파기'와 똑같이 회사와 사람의 마음을 파괴하는 원흉이다.

그런 리더는 반드시 자신의 관리 방식을 고쳐야 한다.

03
AI 시대,
새로운 리더의 자격을 묻는다

AI 기술은 화이트 컬러의 일을 빼앗을까?

1983년 7월에 발매된 개인용 컴퓨터는 아이들의 놀이를 바꾸고 일상을 크게 변화시켰다. 그전까지 남자는 야구나 축구, 여자는 고무줄놀이나 독서를 하는 것이 학생들의 오락이었으니까. 개인용 컴퓨터의 등장으로 그 자리는 결국 방과 후나 주말 친구의 집으로 바뀐다. 그러나 환경이 바뀌면 새로운 문제가 생기는 법. 당시에는 전업주부의 비율이 높아 친구네 집에 놀러가면 친구 엄마가 꼭 있었다.

왜 이런 사람이 리더인가?

어느 날, 친구 히야타네 집에서 소동이 일어났다. 히야타네 집은 다다미 4개 반 크기의 연립주택으로 침실 하나와 주방이 있는 구조였다. 그 시절 지방 도시의 가정이 흔히 그렇듯 이른바 'TV방'이라 불리는 침실에서는 늘 히야타의 엄마가 담배를 피우며 나사 만들기 부업을 하고 있었다.

매일같이 아이들이 우르르 몰려오니 히야타의 엄마는 '일에 집중하고 싶으니까 이쪽 보지 마!'라며 점점 심기가 불편해지기 시작했다. 그러나 히야타 엄마의 일터는 TV 앞 탁상이라 그쪽을 안 볼 수가 없었다.

방법을 궁리하던 우리는 한 가지 계책을 생각해내서 다 같이 히야타 엄마에게서 등을 돌리는 대신 벽에 손거울을 붙이는 방법을 떠올렸다. 즉 작은 거울에 비치는 TV를 보면서 게임을 하는 것인데, 이것이 정말이지 재미있었다. 거울에 비친 모습이라 적의 캐릭터로부터 도망가야 하는 곳에서 돌진하고 오른쪽으로 점프하면 골인데 왼쪽으로 차서 게임오버, 그런 식이었다. 게임에 열중한 나머지 배를 잡고 다 같이 박장대소를 하니 결국 히야타 엄마가 진짜 화를 냈다.

"너희들, 당장 나가!"

히야타 엄마는 나사를 마구 던졌고 우리는 맨발로 밖으로 쫓겨나 두 번 다시 하야타 집에 가지 못했다. 그리우면서도 죄송한 여름 방학 추억이다.

그리고 지나간 옛 추억으로부터 하나 확신하는 것이 있다. ChatGPT 같은 AI의 진화로 '화이트 컬러의 일을 빼앗긴다'라는 예측이 다시 불붙고 있는데 이것은 상당히 의심스럽다. 아무리 AI가 진보한다고 해도 앞으로 20년 후 사회 구조나 노동의 대체가 진행되지는 않을 것이다.

업무를 불투명하게 만드는 이유

흔히들 '경영 재건'이라고 하면 경비 삭감이나 정리해고 같은 제도 시행을 연상한다. 그러나 경영을 재건하는 데 중요한 것은 사실 그런 것이 아니다. 제일 먼저 해야 할 가장 중요한 일은 업무의 가시화와 숫자의 투명화다.

이것을 하지 않고 개별적인 제도를 시행하거나 닥치는 대로 정리해고를 하는 것은 경영이 아닌 단순 파괴에 지나지 않는다. 구체적인 사례를 소개하겠다.

몇몇 회사에서 경영 재건을 맡아 달라고 요청받았을 때 나

왜 이런 사람이 리더인가?

또한 산적한 과제 중 가장 먼저 업무를 가시화하고 숫자를 투명화하는 데 힘을 쏟았다.

경영의 어디에 문제가 있는지, 판매 구조인지, 인원 배치인지, 중복 비용이 늘었는지…… 많은 경우 그 모든 것이 한데 얽혀 회사는 경영 부진에 빠진다.

건강 검진을 할 때 채혈과 CT 검사를 하는 것처럼 경영에서는 업무의 우선순위를 매기는 것이 첫 순서다. 이 작업만 끝나면 문제의 90%는 거의 답이 보인다. 그리고 업무 가시화와 숫자의 투명화 작업을 시행할 때 사원의 반응은 크게 세 가지로 나뉜다.

첫 번째 반응은 환영하고 크게 기뻐하는 층이다.

상상이 가겠지만 이들은 손발을 움직여 땀을 흘리는 젊은 사람들이다. 이런 사원은 자신들이 아침부터 밤까지 어떤 일을 하는지, 어떤 쓸데없는 업무에 스트레스를 받는지, 업무상의 어려움과 문제를 말하는 데 전혀 거침이 없다. 그리고 쓸데없는 업무의 배제와 업무 시스템화를 진심으로 환영한다.

두 번째 반응은 가시화와 투명화를 싫어하며 쓸데없는 일을 점점 늘리는 층이다.

이쪽도 상상이 가겠지만 부장·과장급 간부다. 단언할 수 있는 것이 중소기업은 물론 많은 대기업에서도 '의미 있는 바쁨'으로 분주한 간부는 몹시 드물다.

물론 의사결정을 위해 현장에 내려가기, 거래처 돌며 정보 모으기 등 자신의 역할을 올바르게 이해하는 사람이 없는 것은 아니다. 이러한 부장·과장이 많은 회사는 애초에 경영이 기울어지지 않는다. 게다가 부장·과장은 통과점일 뿐 빠르게 임원까지 올라갈 것이다.

문제는 그렇지 않은 간부가 지루함을 참지 못하고 쓰레기 같은 일을 계속 만들어 부하를 끌어들여 '관리하고 있다고 어필'하기 위한 쓸데없는 비용을 방류하여 경영이 기울어지게 만든다는 것이다. 안타깝지만 이런 사람에게 새로운 자리를 마련하는 것은 상당히 어렵다.

세 번째 반응은 가시화와 투명화를 싫어하고 업무를 불투명하게 블랙박스화하려는 사람이다.

이런 사람은 부장·과장급과 달리 우수한 현장 리더 중에 많다. 어째서일까? 실무를 돌면서 업무 노하우를 쥐고 있는 사람은 그것을 다룰 수 있는 존재 가치를 잃는 것을 두려워하기 때문이다. 바꿔 말하면 리더가 무능하기에 회사를 신뢰하지 않은 것이다.

그래서 업무를 블랙박스화하여 '자신만이 힐 수 있는 일'을 끌어안고 쉽게 놓지 않는다.

리더 스스로 우수한 인재를 키우게 하라

그야말로 경영 재건이란 이런 유능한 현장 리더를 구슬려 업무를 가시화하여 조직의 지혜로 만드는 작업이다.

이런 사원에게는 자신과 같은 우수한 인재를 키우는 것이 당신의 일이라는 것. 그것이 가능하면 보수 등이 천정부지로 오를 거라는 것. 그 후에는 다음 업무와 지위가 있음을 약속하고 그것을 성실하게 지킨다.

개인의 뛰어난 식견을 조직의 재산으로 바꾸고 젊은 사원의 부가 가치를 높여주기에 당연한 일이다.

그리고 중요한 것은 여기서부터인데 업무의 가시화와 숫자의 투명화에 전망이 서면 우수한 현장 리더는 정말로 '자신만이 할 수 있는 일'을 잃는다. 본래라면 이런 현장 리더야말로 이 시점에 직급을 올려 더 큰 부가 가치 향상을 위한 책임을 맡기는 것이 순리다.

혹은 리더의 일을 다른 사람에게 맡겨 리더가 더 큰 부가 가치 향상을 위해 새로운 일에 집중할 절호의 기회가 된다.

그러나 리더에게 그 기회와 도량이 없는 경우 비참해진다. 자기 자리가 위협당할 것이 두려워 현재의 일을 붙잡고 늘어지기 때문이다. 그 결과 쓸데없는 일을 만들기 시작하고 현장에서 막 진급한 부장·과장 역시 일을 끌어안기 시작하는 도로아미타불이 된다.

결국 아무리 편리한 시스템을 도입하고 아무리 환경을 정비해도 조직은 또 바로 기능 정지에 빠진다. 더 직접적으로 말하면 사람은 무엇보다 대가로 받는 보수(報酬)와 자기를 지키는 것을 추구하기에 편리한 시스템 따위 극단적으로 말하면 별 관심이 없다.

'나보다 우수한 인재를 채용하여 키우는 것!'

바꿔 말하면 강한 회사와 조직이란 업무를 가시화하고 숫자를 투명화한 후에 높은 평가를 받고 보수가 오른다고 믿을 수 있는 구조를 만드는 것 그 자체다. 그것이 자신이 설 자리를 보다 안전하게 만든다는 확신이 들면 사람도 조직도 얼마든지 쑥쑥 자란다.

이 당연한 사실을 이해하는 경영자가 너무나 적다. 보수로도 자신을 지키는 것으로도 이어지지 않는 '편리한 시스템' 따위 나막신으로만 두드려도 파괴된다는 것은 역사가 증명했음에도 불구하고.

새로운 기술을 일과 조화시키는 리더의 역할

AI는 사람의 일을 빼앗지 않는다에 대한 이야기를 다시 해본다. 왜 40년 전 개인용 컴퓨터의 보급으로 그것을 단언할 수 있을까.

생각건대 우리는 '그게 당연히 있는 환경'에서 자란 세대가 아니면 그 본질을 좀처럼 이해할 수 없다. 어설프게 닌텐도 게임을 즐기는 아빠를 보면서 히죽히죽 웃었던 기억이 있는 사람이라면 알 것이다.

인터넷이나 스마트폰을 당연하게 여기며 자란 '디지털 네이티브'에게도 통용되는 것인데 유연한 발상으로 도구를 즐기고 때로는 혼나며 사용하는 시대를 지나는 것이니 당연하다.

1990년대 말부터 2000년대 초에 일어난 IT 붐이야말로 그야말로 그것을 증명한다. 이때 인터넷이라는 혁신적인 기술을 둘러싸고 새로운 서비스가 연이어 시작되고 상장기업도 탄생했으나 그 대다수가 비참한 결말을 맞이했다.

클릭 한 번에 ××엔으로 판매하는 한편 바람잡이에게 클릭 아르바이트를 시키는 '클릭 보증'을 판매한 회사. 단순한 데이터 압축 기술로 상장하여 시가총액 1,000억 엔까지 주가가 오른 IT 기업. 모두 지금은 흔적조차 없다.

이렇게까지 새로운 기술을 구사하려는 어른이 하는 일은 논점을 빗나가고, '본질적으로 가치 없는 서비스'를 팔려는 머리 나쁜 경영자까지 나타난다.

마찬가지로 AI가 아무리 진화해도 그것을 구사하고 사회와의 조화도 실현할 수 있는 네이티브 세대의 등장까지 앞으로 20년은 걸릴 것이다.

그리고 이야기는 내가 맡았던 경영 재건에 대해서다.

경영 재건이란 결국 자신보다 우수한 인재를 키우는 배턴 릴레이라는 것은 앞에서 말한 바와 같다. 편리한 도구란 그것이 도움이 되느냐 아니냐이며, AI라면 누구든 뭔가 할 수 있다든가, AI가 직원을 행복하게 만든다는 이야기가 아니다. 그런 발상을 하는 리더가 바람잡이가 클릭하는 '클릭 보증'이라는 엉터리 서비스를 시작하고 여명기의 흑역사를 만든다.

애당초 AI의 보급으로 시험당하는 것은 직업이나 직종이라고 믿는 것이야말로 완전히 틀렸다. 시험당하는 것은 직업이나 직종이 아니라 그것을 구사해야 할 경영자이자 리더다. 편리한 새로운 도구를 누구에게나 이익이 되는 형태로 세상에 조화시키는 리더야말로 차세대 구글을 만들 수 있을 것이다.

그것을 모르면 호되게 돈을 낭비하고 시장에서도 사회에서도 쫓겨날 것이다. 클릭 보증, 그리고 하야타의 엄마에게 쫓겨난 우리처럼(울음).

04
리더는 '일의 목적'을
분명히 알려줘야 한다

뿌리 깊은 악습 "묻지 말고 시키는 대로만 해!"

2023년 일본 전역을 떠들썩하게 만든 중고차 판매 회사 '빅모터'의 부정행위와 보험금 부정 청구에 상도를 벗어난 직장 내괴롭힘, 가로수를 말라 죽게 만든 사건 등은 반사회적인 성향을 가진 사람들이 벌인 범죄 행위라 할 수 있다.

그러나 이 사실에 나는 조금 남 일 같지 않은 마음이다. 벌써 30년도 전인 증권 회사 1년 차 시절의 이야기다.

당시에는 아직 증권맨의 업무라고 하면 불시 영업은 물론

왜 이런 사람이 리더인가?

이거니와 하루 50건의 영업 전화를 걸어야 하는 등 무자비한 업무를 소화해내야 하는 시대였다. 그러나 이런 방법으로도 회사가 원하는 실적을 낼 수는 없었다.

그러자 리더는 '왜 실적을 못 올리는 거야!'라며 화를 냈는데 아무리 화를 낸다고 해서 고객이 늘어날 리가 없었다.

그런 일도 있어 어느 날 부장님에게 이런 소박한 의견을 던진 적이 있었다.

"부장님, 현재의 방법으로 고객을 확보하는 것은 도저히 안 되겠습니다. 실적으로 이어지는지도 잘 모르겠습니다. 다시 검토를 부탁드립니다."

당연히 부장은 사납게 날뛰며 역대급으로 호통을 쳤는데 그때 들은 설교는 전혀 납득할 수 없는 것이었다.

그로부터 꽤 시간이 지나고 아저씨가 된 지금 알게 된 놀라운 사실이 있다. 그때 부장님 세대는 사실 조직 관리 같은 것은 아무도 이해하지 못했다는 것이다.

바꿔 말하면 이 시대에 관리를 담당했던 세대라면 누구나 빅모터 같은 짓을 저질렀을 가능성이 있었다는 것이다. 게다가 우리 세대는 여전히 이 뿌리 깊은 병을 개선하지 못하고 장래의 젊은이에게도 이 악습을 물려주려 한다.

조직을 무너뜨리는 목적 불명의 가혹한 훈련

다른 이야기지만 육장까지 오른 전 최고 간부에게 이런 추억 이야기를 들은 적이 있었다.

"아직 스물세 살이었던 간부 후보생 시절 몸에 새겨진 강렬한 추억이 있어요."

보충 설명을 하자면, 일본에서는 방위 대학교나 일반 대학교를 졸업하고 간부가 되려는 사람은 모두 그 첫걸음으로 간부 후보생 학교에 입학한다. 육해공에 따라 다르지만 육상의 경우에는 대체로 1년 동안 초급 간부로서 필요한 소양과 교양을 익히는 첫 관문이다. 그 후보생 시절에 이런 일이 있었다고 한다.

"어느 날 밤, 비상소집이 있었어요. 지금부터 상황(훈련)을 시작할 테니 모이라는 명령이었죠. 그런 명령이 내려지면 무슨 일이 일어날지, 얼마나 할지 알 수 없어서 긴장감이 돌아요."

그리고 소량의 물과 음료는 물론 돈도 없는 상태로 지도를 건네주더니 명령 하나가 내려진다.

"○월 ×일 1000(10시 정각)까지 지도에 표시된 장소로 전진하라."

무슨 일이 벌어졌는지, 행군 목적은 무엇인지, 가면 무엇이 있는지 등은 일절 모른다. 영문도 모른 채 실행하니 목적지에는 아주 적은 양의 물이 있었다고 한다.

훈련은 여기에서 끝나지 않는다. 목적지에서 한숨 돌릴 새도 없이 지도관이 다른 지도를 주더니 같은 명령을 내린다.

"○월 ×일 1830(18시 30분)까지 지도에 표시된 장소로 전진하라."

그러나 이미 마시지도 먹지도 못하고 심야 행군을 끝낸 후다. 힘이 빠진 가운데 목적도 모르는, 언제까지 이어질지 짐작도 가지 않는 명령에 정신이 나갈 지경이다. 그대로 어떻게든 두 번째 목적지에 도착하자 거기에 높여 있는 것은 장작 같은 것. (전혀 의미를 모르겠네…….)

그런 후보생의 고뇌를 꿰뚫어 보듯 지도관은 다시 냉철하게 명령을 내린다.

"○월 △일 0800(8시 정각)까지 지도에 그려진 장소로 전진하라."

그러나 이미 만 하루를 마시지도 먹지도 못하고 행군한 후다. 아무래도 여기까지 오니 체력이 따라가지 못하는 자, 멘탈이 나간 자 등 사기가 꺾인 후보생들이 나오기 시작했다.

그러나 군사 조직은 일련탁생(一蓮托生)잘잘못에도 불구하고 행동·운명을 같이함의 연대 책임이라 서로 부족한 것을 메우고, 짐을 서로 들어주며 비틀거리며 세 번째 목적지에 도착한다. 그곳에 있던 것은 별로 특별할 것 없는 평범한 성냥갑이었다.

너무나 불합리하고 의미를 알 수 없는 명령에 주저앉아버린 후보생들, 그런데도 가차 없이 지도관이 명령을 내린다.

"○월 △일 1500(15시 정각)까지 지도에 표시된 장소로 전진하라."

여기까지 오자 이제는 체력을 유지할 수 있는 자가 더 적었다. 그래서 자신을 두고 전진하라고 반장에게 호소하는 자, 기력을 쥐어짜 동료를 끌듯이 옮기려는 자 등 너무나 비참한 상황이 나타난다. 그러한 가운데 어찌어찌 네 번째 목적지에 도착했지만 그곳에 있던 것은 전원 몫의 생쌀이었다.

즉 네 곳 모두에서 시간 내에 임무를 달성하면 비로소 밥을 지을 아이템이 전부 갖추어지는 구조다. 전 육장이 속한 반은 시간 내에 전원 도착해 임무를 달성했기에 이틀 만에 갓 지은 맛있는 밥을 만끽할 수 있었다고 한다.

왜 이런 사람이 리더인가?

리더라면 지도받는 사람의 마음을 이해해야 한다

그런데 이 훈련의 목적은 과연 무엇일까. 기업이나 조직에서 리더인 사람, 리더가 되는 것을 목표로 하는 사람은 정답을 맞히길 바란다.

'군 간부로서, 조직의 리더로서, 극한의 경험을 하는 것?'

'혹독한 환경에서 심신을 단련하여 어떤 상황에서도 정상적인 판단력을 유지하는 것?'

'동료 간 유대를 강화하고 조직력의 중요함을 이해하는 것?'

다 정답이 아니다. 물론 부차적인 목적이 되기도 하지만 주된 목적은 아니다.

참고로 이틀 만에 허겁지겁 밥을 먹은 후보생들을 앞에 두고 지도관이 한 말은 다음과 같은 훈시였다.

"이번 훈련으로 여러분이 배워야 할 교훈은 '기도(企圖)의 명시'자신의 의도와 목표를 명확하게 드러내고 표현하는 것다!"

리더가 임무의 목적, 그 성과를 밝히지 않은 채 명령을 계속 내리면 사람의 심신은 이렇게까지 피로하고 쉽게 무너진다는 취지다.

'기도의 명시', 즉 업무의 목적과 목표가 밝혀지지 않은 채

연이어 가혹한 명령이 내려진다면 누군들 견딜 수 있을까. 지시에 따른 결과 어떤 효과를 기대할 수 있으며, 어떤 성과를 전망할 수 있는지, 언제까지 이어질지 알 수 없기 때문이다.

"됐으니까 잔말 말고 해"라며 엉성한 지도와 명령을 부하에게 반복하면 조직은 어떻게 될까. 이 훈련을 겪어보고 나서 비로소 조직과 부하를 지휘하는 책임의 무게를 온몸으로 느껴보라는 것이다. 바꿔 말하면 리더를 지망하기에 앞서 먼저 지도받는 자의 마음을 이해하고 '리더가 되기 전에' 그 아픔과 바람을 이해하라는 교육이다.

기업과 조직에서 리더의 자리에 있는 사람은 이러한 교훈을 늘 명심해야 한다.

부하 직원에게 성과가 나지 않는다고 다그치기 전에

증권 회사 시절 이야기로 다시 돌아가보자. 왜 우리 세대는 누구나 빅모터 같은 짓을 저지를 가능성이 있다고까지 단언할 수 있을까.

애당초 리더 자신이 성과가 나온다고 믿고 지시한 명령을

왜 이런 사람이 리더인가?

실행한 결과에 대해 "너는 왜 성과기 안 나는 거야!"라고 질책
하면 부하는 어떻게 생각할까.

"명령은 내렸지만 결과의 책임은 네가 져"라는 말을 듣는
것과 마찬가지다.

'일일 방문 30건', '영업 전화 50건'을 했음에도 불구하고
1개월에 5,000만 엔의 예탁 자산이 늘어나지 않으면 그것은 부
하가 이상하다는 논리다. 바꿔 말하면 리더가 아무리 엉망진창
이라도 성과가 나오지 않는 부하가 이상하다는 '리더십'이다.

그 결과 무슨 일이 일어날까. 실적이 오르지 않은 부하는
생계유지를 위해 또는 극심한 두려움에 사로잡힌 나머지 성과
를 날조하거나 고객을 속이는 부정한 방법에 손을 댈 수도 있
다. 규칙과 원칙, 법을 어겨서라도 성과를 낼 수 있는 방법을 떠
올릴 수 있는 것이다.

거기에는 이제 고객의 이익도 행복도 다 소용없다. 그저
불합리한 공포에서 벗어나고 싶다는 욕구만이 유일한 목적이
된다.

다행히 증권 회사 등 금융 기관에는 엄격한 법률과 규범이
있기에 그런 일까지 저지르는 사원은 상당히 드문 사례였다.
그러나 빅모터처럼 꼼꼼한 규제가 미치지 않는 업계라면, 골프

공으로 차를 때리고, 타이어에 펑크를 내는 사원이 나타나도 전혀 이상하지 않다는 것이다.

이처럼 '명령은 하지만 책임은 지지 않는' 리더 때문에 괴로워하는 사람들은 분명 많을 것이다. 왜 그런 일이 생기는 걸까.

리더의 위치에 걸맞은 가치관을 몸에 익혀라

당연한 일이지만 간부가 되려는 자는 모두 앞에서 말한 가혹한 교육·훈련을 통해 조직 운영의 원리 원칙을 배운다. 소대장이 될 무렵에는 부하 전원에게 밥이 보급된 것을 확인한 후에 마지막으로 젓가락을 들 것, 또 욕조에는 마지막에 들어가는 행동과 가치관이 몸에 익는다. 리더다운 각오와 원리 원칙을 철저하게 익힌 사람만이 간부가 되는 것이 허락되기 때문이다.

반면 민간 조직에서 리더의 자리에 있는 사람 중 과연 몇 명이 '리더다운 가치관'을 말할 수 있을까. 단 한 번이라도 리더론에 대해 제대로 교육을 받은 사람이 얼마나 있을까. 자신 있다고 대답할 수 있는 사람이 압도적으로 소수가 아닐까.

그리고 그러한 교육을 받지 않고 사지관도 없는 자가 리더
가 되면 반드시 이렇게 생각한다.

'내 방식으로 성과를 내지 못하는 것은 부하가 무능력하기
때문이다.'

이렇게 해서 빅모터 사례와 같은 부정행위가 생기고, 지금
도 그러한 가능성이 있는 조직이 온 일본에 넘쳐난다.

이런 '무능한 리더'가 조직의 우위에 서는 잘못된 흐름은
이제 우리 아저씨 세대에서 그만 끊어야 한다.

부디 기업과 조직에서 리더의 자리에 있는 사람은 빅모터
의 '악행'을 자기 일처럼 여기고 자신의 리더십을 고치는 계기
로 삼기를 바란다.

05
80대 현역 호스티스가 알려주는
리더십의 진수

이 가게가 망하지 않는 이유 "더 마시지 마세요!"

"안녕하세요, 사치코예요."

40대 중반쯤으로 보이는 여성이 내 옆에 앉아 명함을 건넨다. 뭐라고 말해야 할지 몰라 굳어 있으니 나를 이 가게로 데려온 가토 씨가 재미있다는 듯 웃는다.

"모모노 씨와 세대가 별로 다르지 않아요. 하지만 사치코 씨, 이 가게에서는 젊어요."

그 가게는 오사카 미나미에 있는 '미스 펄'이라고 한다. 오사카 지역에서 오랫동안 사랑받고 있는 오래된 유명 카바레다.

그러나 카바레식 클럽이나 카바레라고 하면 통상 젊은 여성이 아저씨를 부추겨 고가의 술을 권하며 돈을 벌려고 하는 가게가 아닌가. 그러나 가토 씨와 친하다는, 더욱이 연상으로 보이는 호스티스는 이렇게 말하면서 잔을 가져갔다.

"가토 씨, 술을 많이 마셨으니 이제 마시면 안 돼요!"

뭐가 뭔지 전혀 의미를 알 수가 없다. 내가 어리둥절해하자 가토 씨는 나에게 이렇게 물었다.

"모모노 씨, 일본 전역의 카바레가 망해가는 가운데 왜 이 가게가 살아남았는지 아세요?"

"전혀 모르겠어요. 다만 여기가 아주 멋진 가게라는 것은 어쩐지 알 것 같아요."

"그렇죠? 하지만 좀 더 멋진 걸 보여드릴게요. 잠시 같이 화장실로 가죠."

그렇게 말하고 가토 씨는 나를 데리고 화장실 근처에 있는 작은 방을 들여다보라고 재촉했다.

그 앞에는 상상도 할 수 없는 광경이 펼쳐졌다. 그리고 그 가게가 노포가 될 수 있었던 대단함의 모든 원천까지도.

일본의 유명 가문에서 배우는 직원을 대하는 태도

일본의 역사에서 유력한 다이묘(영주) 가문 중에는 '오다 가문'이 있다. 오다 가문의 '오다 노부나가'는 매우 중요한 인물로, 그의 중신(重臣)중요한 관직에 있는 신하이 누구냐고 하면 많은 인물이 거론되지만 그중 주목하려는 사람은 자타공인 숙로(宿老)경험이 많고 사물을 잘 헤아리는 노인 '사쿠마 노부모리'다.

사쿠마는 '오다 노부나가'의 아버지 '오다 노부히데' 시절부터 오다 가문을 모시며 어린 시절부터 '오다 노부나가'를 보좌해온 중신이다. 후계 분쟁이 일어났을 때 재빠르게 '오다 노부나가'를 지지한 이유로 중용되었다.

이후 여러 주요 전투에 참전하여 큰 공을 세워 '오다 노부나가'가 천하를 잡은 초기부터 그를 보좌한 충직하고 유능한 무장이었다고 할 수 있을 것이다.

그러나 급성장한 오다 가문은 무사로서 '최고경영자'를 보좌한 사쿠마에게 점점 힘에 부치는 규모가 되었다. 게다가 도쿠가와 이에야스를 비롯한 여러 다이묘와의 동맹, 군세의 대규모화, 철포를 중심으로 한 기술 진보 등 전쟁이 복잡해지자 그의 지휘는 정교하지 못했고 실수가 두드러지기 시작했다.

왜 이런 사람이 리더인가?

그런 사쿠마의 인생을 바꾸는 사건이 된 것이 1576년부터 시작된 이시야마 전투였다. 이 포위전에서 지휘를 맡은 사쿠마는 철포로 중무장하여 농성하는 적을 당해낼 수 없었다. 게다가 해상에서는 적의 수군이 성을 지원하고 있어서 아무것도 하지 못한 채 5년의 세월이 흐른다. 그 결과 궁지에 몰린 오다 노부나가는 최종적으로 화해를 선택할 수밖에 없는 형국으로 전투를 끝내게 되었다.

이후 중신 사쿠마에 대한 오다 노부나가의 분노는 격렬함 그 자체였다. 30년에 걸쳐 자신을 보좌해온 사쿠마에게 19개 조의 절함장엄하게 꾸짖는 내용의 문서을 들이밀며 고야산으로 추방했다. 그 내용은 '인망이 없음', '직무 태만'을 구체적으로 꾸짖는 등 가열한 것이었는데, 그중에서도 인상 깊은 것은 '오다 노부나가 자신의 뜻을 거역하고 얼굴에 먹칠한 것'을 들었다는 점이다.

여명기부터 오다 노부나가를 모신 자부심도 있기에 사쿠마는 노부나가에게 직언하는 것을 두려워하지 않았다. 그러나 노부나가는 그것조차 허락지 않으며 분노가 폭발해 추방 이유로 상세히 언급한 것이었다.

더욱이 오다 노부나가의 분노는 이것으로 그치지 않는다.

고야산으로 추방된 후 사쿠마는 단 한 사람의 신하도 종도 없이 근근이 살았는데 "고야산에 살아서는 안 된다는 엄명"이 내려지고 검소하게 안주하는 것조차 허락되지 않아서 또다시 산속으로 쫓겨나 그곳에서 객사했다.

이것을 오늘날의 기업 경영에 비유하면 이제는 대기업만큼 크게 성장한 벤처 기업의 창업자가 창업 초창기부터 오랜 세월을 함께한 중역을 쫓아내는 겪이다. 덧붙여 해임의 이유로 "자네는 무능하고, 인망이 없으며, 사사건건 내 뜻을 거스르고 내 얼굴에 먹칠을 해왔어. 절대 용서 못해"라며 임원 회의에서 면전에 대고 욕을 하고, 그것도 모자라 공식 SNS에 글을 올려 발표까지 한 꼴이다. 오랜 세월 충성을 다한 사쿠마의 원통함이 뼈저리게 느껴질 것이다.

이러한 모욕을 당했음에도 작은 기업의 고문 역할을 맡아 여생을 보내려고 했더니 '녀석을 지금 당장 해고하지 않으면 힘들어질 줄 알아'라며 재취업한 곳에 압력을 가하는 것과 같은 셈이니 정말이지 광기가 아닐 수 없다.

물론 오다 노부나가가 이시야마 전투 이후 자신의 신하 중 사쿠마에게만 광기를 보인 것은 아니지만, 사쿠마는 인간으로서의 존엄성을 짓밟혔다고 할 수 있을 만큼 비참한 최후를 보

왜 이런 사람이 리더인가?

내야 했나.

이렇게 오다 노부나가가 보여준 리더로서의 가치관과 행동을 보면, 그것이 결국 자신에게 돌아와 스스로 화를 초래했다고도 할 수 있다.

급속하게 성장하는 기업과 조직에서 고참 사원의 배치와 처우를 소홀히 하면 제대로 돌아가지 않는다. 그 진리는 과거나 현재나 큰 차이가 없다.

고객과 직원의 오래가는 행복이 차별화

오사카 미나미에 있는 '미스 펄' 이야기로 돌아가자. 가토 씨에게 이끌려 들여다본 작은 방 끝에서 나는 무엇을 보았을까.

얇은 커튼으로 가려진 작은 방 안에서는 아무리 봐도 '할머니'라고 할 수 있는 나이의 여성들이 테이블에 주스와 과자를 펼치고 잡담을 즐기고 있었다. 그것은 마치 사이좋은 주민 모임 같기도 해서 어울리지 않는 광경에 놀라자 가토 씨가 귀띔해준다.

"여기에 있는 사람들 다들 호스티스예요. 80대인 분도 몇

분 계세요."

어안이 벙벙한 채로 자리로 돌아가자 사치코 씨가 설명해주었다.

"베테랑 호스티스분들 모두 오랜 고객이 지명하세요."

"정말요?"

"네, 언니들을 지명하는 손님은 전부 30~40대 무렵부터 가게에 놀러 오시는 단골이에요. 일을 은퇴하고 80~90대가 된 지금도 놀러 오세요."

"……대단하네요."

"그리고 언니들을 지명하고 1시간만 술을 마시고 돌아가요. 벌써 50년이나 지명했으니 편하겠죠. 언니들은 그런 단골을 위해 그 방에서 대기하고 있어요."

그리고 사치코 씨는 이 가게에서는 손님과의 오랜 관계와 건강을 첫 번째로 생각하기에 억지로 술을 권하는 호스티스 따위 한 명도 없으며, 급여와 보상 체계도 술을 마시거나 손님에게 억지로 술을 마시게 해서 이득을 보는 업무 구조가 아니라는 것, 게다가 가게는 23시 정각에 문을 닫고 회사가 책임지고 모든 호스티스를 집까지 데려다준다는 것 등을 설명해주었다.

그야말로 '당연하지만 대단한 점'이다. 돈벌이를 생각한다

왜 이런 사람이 리더인가?

년 분위기가 무르익으면 아저씨에게 얼마든지 술을 먹이고 뜯어낼 수 있는 만큼 돈을 뜯어내면 된다. 젊은 여성도 인센티브 제로 부려 먹고 얼마든지 바꾸면 될 것이다.

그러나 그런 짓을 해서 벌 수 있는 돈이야 빤하고 고객과 직원 누구도 행복해지지 않는다. 그 정도의 흔한 음식점 따위 지천으로 널려 있으니 당연히 가게도 오래갈 리가 없다.

즉 이 가게는 '고객과 직원의 오래가는 행복'으로 다른 가게와 차별화하여 결과적으로 적절한 이익을 올리며 어느새 노포가 된 것이다.

바꿔 말하면 어떤 특별한 것을 하지 않는 것이 이 가게를 특별한 존재로 만든 것이었다.

직원이 행복하면 고객도 오래간다

오다 노부나가의 이야기로 돌아가보면, 노부나가가 추구한 '단기간의 급격한 성장' 방식은 눈앞의 돈벌이를 추구하는 카바레식 클럽 경영과도 비슷하며 아무도 행복하게 만들지 못하는 리더십이 아니었나 싶다. 경쟁 지상주의로 부하를 깔아뭉개고,

직절한 자리를 마련하지 못하게 되자 괴롭힘으로 궁지에 몰고, 마지막에는 보란 듯이 해고하는 등 공포로 조직을 통제하는 리더십이다.

역사적인 시대 배경을 고려해도 결과적으로 오다 가문이 와해된 것을 생각하면 오다 노부나가의 관리 역량은 결코 좋게 평가할 수 없을 것이다. 오래 이어지는 사업 모델이자 고객과 직원에게 많은 행복을 제공할 수 있는 리더십의 힌트는, 천하를 얻은 사람보다 오히려 오사카의 노포 카바레에 있다고 할 수 있다.

돌아갈 때 사치코 씨가 들려준 말은 지금도 가슴에 남아 있다.

"고객과 내 건강을 지키면서 조금이라도 행복한 시간을 보내게 하는 것. 그것이 호스티스의 일이라는 걸 깨닫고 마침내 제가 있어야 할 곳을 찾은 기분이 들었어요."

이 지역에서 넘버원까지 오른 적이 있다는 그녀가 마지막으로 다다른 안주(安住)한곳에 자리를 잡고 편안히 삶의 경지일 것이다.

직원 자신이 행복하지 않으면 고객에게 행복을 제공하는 것은 불가능하다. 그러나 직원 자신이 행복하면 가만히 두어도

왜 이런 사람이 리더인가?

고개에게 행복을 제공하게 된다.

　그것을 다시 한번 가르쳐준 가게와 경영자에게 리더들이
배워야 할 점이 많다.

3장

시대를 읽고
그릇이 큰

리더가 되라

왜
이런
사람이
리더인가
?

01
부하가 말을 듣지 않는다고
한탄하지 마라

리더에게도 무사도가 필요하다

선조들의 영과 사후 세계를 믿는 사람도 있고, 믿지 않는 사람
도 있을 것이다. 그러나 그 존재를 믿지 않는 사람이라도 '고인
이 지켜주었다'라고 문득 느끼는 순간이 있지 않을까.

절망의 구렁텅이에서 뜻하지 않게 살길이 열렸을 때 혹은
평범한 일상에서 작은 행복을 느꼈을 때, 그리고 그렇게 생각
하면서 용기를 얻고 온몸에 힘이 흘러넘친다. 그 순간 고인의
혼이 정말 실재하느냐 아니냐는 더는 문제가 되지 않는다. 생

각하는 한 '더없이 소중한 사람들'은 우리 마음속에 살아 있으며 힘이 되어주기 때문이다. 분명 '생각하는 마음' 그 자체를 우리는 예로부터 '영혼'이라 부르며 마음의 버팀목으로 여겨왔을 것이다.

이번에 호사카 전 1등공좌, 다우라 전 육장의 이야기를 듣고 느낀 것은 그야말로 이것의 강한 힘이다. 두 사람의 마음에는 잃어버린 동료에 대한 애정, 그리고 순직한 모든 선인에 대한 깊은 존경이 흘러넘친다.

바꿔 말하면 '죽을 각오'로 진지하게 마주해왔기 때문에 '살 각오'가 굳어져 큰 조직을 이끌고 무거운 직책을 완수한 것이다. 예로부터 일본인은 그 가치관을 '무사도'라 부른다. 생명의 허무함과 소중함을 이해했기에 하루, 1분 1초를 소중히 여기며 살아가고, 자신과 타인을 모두 소중히 여길 수 있는 가치관이다.

반대로 기업과 조직에서 리더라 불리는 사람 중에 이러한 각오로 직책에 마주할 수 있는 사람이 얼마나 있을까. 부하의 인생을 책임지고, 그 인생에 큰 영향을 주는 중책을 이해하는 리더가 얼마나 있을까. 타인의 인생과 생각, 즉 '생명 그 자체'와 마주하는 것조차 불가능하다면 애초에 리더십이 왜 있는지조차 이해하지 못하는 게 아닐까.

'부하가 말을 듣지 않는다', '생각한 대로 조직이 움직이지 않는다' 이런 고민이 있다면 꼭 한 번 자문하길 바란다. 자신은 정말 타인과 자신을 소중히 여기면서 업무에 임하고 있다고 단언할 수 있는지 없는지.

그렇게 자문해본다면 분명 저절로 해야 할 일의 답을 발견할 것이다.

02
마음을 움직이는 제품을 만드는
리더의 역할

하나의 노래가 바꾼 것

나에게는 일본이 아직 버블로 부풀어 있던 1988년부터 30년 동안 '눈엣가시'로 여겨왔던 아저씨가 있다. AKB48의 창시자이자 프로듀서로서 여러 아이돌그룹을 히트시킨 아키모토 야스시다. 알다시피 음악뿐 아니라 세계의 크리에이터에게 폭넓게 영향을 끼친 당대를 대표하는 뛰어난 재능을 가진 사람이다.

그런 거물을 왜 내가 눈엣가시로 여겨왔을까. 그것은 그가

왜 이런 사람이 리더인가?

공교롭게도 자신이 프로듀싱에 관여한 아이돌 오냥코클럽의 다카이 마미코와 결혼했기 때문이다. 그 당시 중학생이었던 나는 인생에서 처음으로 여자 아이돌 다카이 마미코에게 푹 빠져 있었다.

신곡이 발매되면 꼭 예약해서 구입하고 '나는 다카이 마미코에게 어울리는 남자가 되어 연예계에 들어가 그녀와 결혼할 거야!'라고 공언하면서 주변을 당황스럽게 만들 정도였다.

그러던 어느 날 다카이는 아키모토와의 결혼으로 연예계 은퇴를 발표하고 TV에서 홀연히 모습을 감추었다. 나는 충격을 받은 나머지 이틀 정도 앓아누우며 학교를 빼먹었다.

그래도 어떻게든 기운 내 학교에 가니 책상에는 '축! 다카이 마미코 결혼!', '지금 어떤 기분이신가요~?(웃음)' 등등 유성 매직으로 낙서가 되어 있었다. 나는 범인으로 추정되는 짓궂은 녀석들과 서로 때리며 싸움을 벌였다. 그날을 계기로 아키모토는 오랫동안 나의 철천지원수가 되었다.

그리고 그로부터 30년의 세월이 흐른 2018년 무렵, 나는 '아주 싫어하는 AKB48'의 〈365일의 종이비행기〉를 강제로 들어야 하는 고문을 당한 적이 있었다. (아키모토가 만든 곡인가…….)

음악을 듣지 않을 수 없는 상황이라서 참고 듣기 시작했는데 그 사이 나는 그 세계로 빨려 들어가 정신을 차리고 보니 감동하여 눈물이 흐르고 있었다.

'이 노래에는 리더에게 중요한 사고방식이 모두 담겨 있어······.'

그것을 저항 없이 깨달았기 때문이었다.

미슐랭 라멘 가게는 왜 망했을까?

다른 이야기지만 7~8년 전, 친구가 경영하는 작은 이탈리아 레스토랑이 라멘 가게로 업종을 바꾼다며 맛집 사이트 등에서 크게 화제가 된 적이 있었다. 그는 지난해 미슐랭 가이드에 선정되어 여러 방송사와 언론사에서 취재를 한 그야말로 이제 시작인 타이밍이었기 때문이다. 대체 왜 그런 엉뚱한 짓을 하냐고 묻자 이렇게 말했다.

"우리 가게는 단가도 높고 손님도 하루에 다섯 팀이 한계야. 그렇게 되면 많은 사람이 즐길 수 없어."

"라멘 가게로 바꾸면 많은 사람에게 쉽게 행복을 전할 수 있을 거라 생각했어."

그 마음을 모르는 것도 아니지만 아무리 그래도 고객층이 너무 다르지 않은가. 불안하면서도 동료들과 몇 번이나 점심을 먹으러 갔는데, 역시나 이탈리안 미슐랭 셰프가 만드는 라멘이라는 것이 화제가 되어 줄이 길었다. 도저히 못 기다릴 것 같아 다시 가기를 반복했는데 3개월 정도 지난 어느 날 오픈 직후에 줄을 서 그가 자랑하는 라멘 신메뉴를 겨우 먹을 수 있었다.

"이거, 엄청 맛있다! 국물은 닭과 토마토일까요? 곁들인 채소도 예쁘고 여자들한테 인기 많겠어요!"

동료가 연달아 칭찬하면서 무아지경으로 라멘을 흡입한다. 확실히 라멘 그 자체는 개성 있고 맛있고, 다른 곳에서는 먹을 수 없는 유일무이한 압도적인 완성도였다. 이 한 그릇에 그의 남다른 생각과 세계관이 남김없이 표현되어 있어 대단한 요리사라는 것을 다시 한번 느꼈다.

그러나 그렇기에 나는 이렇게 대답했다.

"안타깝지만 이 가게 1년도 못 갈 것 같아."

"네, 왜요? 이렇게 맛있는데."

"생각해봐. 자리에 앉고 이 한 그릇이 나올 때까지 얼마나 걸렸어?"

그 라멘은 우리가 자리에 앉고 나서 제공될 때까지 20분

이상 걸렸다. 나중에 들어온 손님도 똑같이 기다렸으며, 그중에는 대놓고 불만을 표하는 손님도 있어 가게 안 분위기가 안 좋았다. 개업하고 3개월이나 지났으니 일이 익숙하지 않은 게 아니라 그런 루틴인 것이다. 주문을 받은 후에 정성을 들였을, 차슈 대신 곁들여진 두꺼운 구운 고기의 맛이 얄궂게도 그것을 말해준다.

"이 시스템이라면 손님 한 명을 소화하는 데 30분 이상 필요해. 좌석 수는 10개, 점심 코어 타임은 120분이니까 리소스는 1,200분밖에 없어. 그것을 30으로 나누면 이 가게는 제일 많아도 겨우 40명밖에 소화할 수 없게 돼."

"……그렇군요."

"그리고 단가가 1,000엔이니까 1,000엔×40명×25일로 1개월 매출은 최대 100만 엔이야. 낮에만 사람이 있는 이곳에서 저녁 매출은 알만하지. 임대료 시세, 아르바이트 인건비를 생각하면 이익을 내는 것도 힘들지 않을까. 안타까워."

결국 그의 가게는 예상보다 훨씬 빨리 그로부터 5개월도 지나지 않아 힘을 다하고 말았다. 너무나 안타까운 일이기는 하지만 당연한 결과였다.

왜 이런 사람이 리더인가?

좋아하는 것을 일로 하면 실패하는 이유

이렇게 말하면 그가 숫자에 약했기 때문에 가게가 망한 것처럼 들릴지도 모르나 그런 이야기가 아니다. 그의 가장 치명적인 실수는 '고객이 원하는 것'이 아니라 '자기가 하고 싶은 것'을 팔았다는 것이다.

그가 고집한 것은 이탈리아 요리 기법으로 한 사람이라도 많은 사람을 행복하게 만들고 싶다는 생각이었다. 그래서 저렴한 이탈리아풍 라멘을 점심으로 제공하려고 했지만 고객이 점심 라멘에서 원하는 것은 15분의 행복한 시간이다. 바꿔 말하면 손님이 가게에 있어도 된다고 생각하는 '인생의 귀중한 시간'은 가게에 들어오고 나갈 때까지 15분에 지나지 않는다.

그런데도 고객에게 30분이라는 시간을 기다리게 하는 시스템을 만들면 고객도 가게도 불행해질 게 분명하지 않은가. 회전율에서도, '너무 맛있는 재료 원가'에서도, 그의 가게가 회사가 많은 동네에서 점심 메뉴로 성공할 수 있는 이유는 무엇 하나 해당하지 않은 너무나 당연한 실패였다.

흔히들 사람들은 좋아하는 것을 일로 삼으면 행복할 거라고 말하며 권장하곤 하지만 이는 큰 착각이다.

좋아하는 것을 일로 하면 자기 생각과 가치관이 앞서 고객과 그것을 필요로 하는 사람의 수요가 뒷전이 되고 객관성을 잃어버리기 때문이다. 아무리 좋은 것을 만들어 판다고 해서 시장에서 잘 팔리는 것은 아니다. 비즈니스와 수익화의 기본 원칙이라고 하면 '팔리는 게 좋은 것'이라는 사실이다.

내가 하고 싶은 것과 고객이 원하는 것이 겹치는 영역에서만 비즈니스가 성립한다. 그런 기본을 다시 확인하게 해준 친구의 대담한 도전과 좌절이었다.

흔한 재료로 최고의 가치를 만드는 사람

AKB48의 〈365일의 종이비행기〉 이야기로 돌아가보자. 왜 내가 이 노래에는 '리더에게 중요한 사고방식이 모두 담겨 있어'라며 감동했을까. 알다시피 이 노래에는 너무나도 흔한 익숙한 문장이 나열되어 있다.

"아침 하늘을 올려다보며 오늘이라는 하루를 웃는 얼굴로 있을 수 있기를 슬며시 기도했어."

때로는 비도 내리고 눈물도 흘리지만 마음대로 되지 않는 날은 내일 열심히 하자.

인생은 종이비행기 바람을 담아 날아갈 거야.

그 거리를 겨루기보다 어떻게 날았는지 어디를 날았는지 그게 가장 "중요해."

– 〈365일의 종이비행기〉 중에서 (작사 아키모토 야스시, 작곡 가 도노 도시카즈·아오바 히로키)

메시지를 포함해 그 시대를 떠오르게 할 정도로 전혀 새로운 구석이 없다. 그러나 그렇기에 고향 식탁에 놓인 계란말이처럼 뇌리에 떠오르는 편안함이 있다. 더구나 귀를 기울이게 하는 '뭔가'가 이 노래에는 있다.

그 뭔가에 짐작 가는 게 있었고 노래방에서 노래를 부른 후 바로 이해할 수 있었다. 나는 노래를 불러서 80점 이상이 나온 적이 없는 자타공인 엄청난 음치인데 이 노래에서는 한 번에 92점이 나왔다.

몇 번 듣기만 해도 부를 수 있는 가사, 아저씨라도 무리 없이 목소리가 나오는 음역, 규칙적으로 호흡이 가능한 구성……즉 아키모토 야스시는 흔한 재료를 이용해 약간의 연습으로도 최고의 결과를 내는 악곡을 프로듀싱해 더할 나위 없는 만족을 고객에게 제공했다.

라멘 가게에 비유하면 업무를 철저히 표준화하여 신입도 일주일 만에 가능한 시스템을 만들고, 게다가 줄 서는 가게로 만들어 3,000엔의 시급으로 그 노고에 보답하는 것이라고 해도 좋을 것이다.

이렇게 이상적이고 훌륭한 리더가 오늘날 일본에 대체 얼마나 있을까. 최소한의 투자와 흔한 재료로 마음을 움직이는 명작을 만들고, 직원의 개성을 최대한 살려 고객도 행복하게 만드는 리더다.

〈365일의 종이비행기〉에는 그런 사상과 기술이 모두 담겨 있으며, 아키모토 씨의 능력에 감동했다. 그리고 이야기는 라멘 가게에 도전하고 좌절한 친구에 대해서다.

생각건대 우리는 어떤 일이든 열심히 해야 한다는 생각에 매몰되어 너무 많이 생각하고, 쉽게 시야 협착에 빠진다. 아마 그도 어떤 타이밍에 자신을 돌아보며 냉정함을 되찾았다면 문제가 뭔지 깨닫지 않았을까. 라멘을 원하는 고객에게 라멘이라기에는 '아주 호화로운 뭔가'를 단돈 1,000엔에 내놓는다는 치명적이고 근본적인 실수를 말이다.

뭔가를 달성하기를 바라는 사람들에게는 뜨거운 열정과 객관적인 합리성이 함께 있어야 한다. 때로는 의식하여 '너무 열심히 하지 않아도 된다'라고 자신을 타이르고 차분함을 유지하여 자신의 목적지와 현재 위치를 살펴보는 시간이 필요하다.

그리고 그런 시간을 보낼 때는 〈365일의 종이비행기〉를 한 번 들어볼 것을 권한다. 어린 시절 내가 사랑한 아이돌을 빼앗아간 눈엣가시와 같은 사람이 아니라, 일본이 자랑하는 귀중한 보물 아키모토 야스시가 만든 명곡이다.

03
리더라면 시대를 앞서 읽고
믿음직한 직원을 키워라

일본 신문의 쇠퇴는 스마트폰 탓이 아니다

흥망성쇠를 생각하면 신문을 빼놓을 수 없는데 일본에서는 신문의 존재감이 이미 엄청난 기세로 세상에서 사라지고 있다. 1997년 총 신문 발행 부수 5,400만 부는 2022년 3,000만 부까지 떨어져 44%나 감소했을 정도다. 당연히 주요 신문사의 매출도 대폭 감소했으며 이제는 그 바닥이 보이지 않는다. 그 이유에 대해 언론은 어디든 판에 박힌 듯한 분석을 내놓고 있다. '인터넷과 스마트폰의 보급으로 신문을 읽지 않기 때문이다'라고.

종이 매체로서의 신문에 대해서는 분명 그 말이 맞다. 그러나 단언할 수 있는 것이 각 신문사의 매출이 계속 감소하는 것은 결코 인터넷과 스마트폰이 보급되었기 때문이 아니다. 단순히 말하면, 경영진과 대중이 어긋나 지금도 잘못된 방향으로 가고 있기 때문이다.

시대를 앞서 읽으며 발전하는 기업의 신념

일본의 회사 '군제'는 이너 레그웨어는 물론 플라스틱 제품과 에너지 절약 소재, 나아가 터치패널과 스포츠클럽 운영 등 폭넓은 분야에 진출했다. 매출은 1,300억 엔에 달하고, 직원도 5,000명이 넘는 대기업이다. 40대 이상의 세대라면 아저씨나 아동용 브리프가 떠오르려나. 좀 더 어린 세대의 여성이라면 레깅스나 스타킹 브랜드로 익숙할지도 모른다.

그렇다면 대체 왜 '아동용 속옷 브랜드'였던 군제가 최첨단 소재와 부동산 사업까지 하고 있을까.

군제는 원래 1896년 교토부 북부의 한가로운 농촌 마을인 이카루가군에서 생사(생명주실)를 생산하는 회사로 탄생한다.

현재의 교토부 아야베시인데 등기상의 본점은 지금도 이 창업지로 되어 있다. 교토역에서 사가노선 특급을 타고 1시간 이상 걸려 아야베역에서 내리면 아무것도 없는 역 앞에 놀라울 정도로 작고 조용한 거리가 있다.

게다가 1896년이라고 하면 일본에 이렇다 할 산업도 없는, 나라 전체가 아직 가난했던 시절이다. 부국강병(富國強兵) 나라를 부유하게 만들고 군대를 강하게 함의 구호 아래 차와 해산물 등을 수출하여 외화를 버는 것도 좀처럼 잘 안 되었다.

그러던 중 일본 정부는 생사 수출로 외화를 벌어들이려고 하지만 일본의 생사는 정말이지 질이 안 좋아 특히나 유럽에서 악평을 받았다. 게다가 교토산 생사는 국내에서도 '품질 조악'으로 혹평을 받았다고 하니 농촌의 가난한 생활이 눈에 선할 것이다.

그런 시대에 인연이 있어 이 지역에서 생사를 생산하게 된 군제의 창업자 하타노 쓰루키치는 어떻게 하면 생사의 품질을 향상시킬지 고민한다. 그리고 낸 결론은 이렇다.

'선한 사람이 좋은 실을 만들고, 신뢰받는 사람이 신뢰받는 실을 만든다.'

좋은 물건을 만들려면 먼저 선한 사람을 키워야 한다는 당

왜 이런 사람이 리더인가?

연한 출발점이다. 게다가 신뢰받는 사람이 아니면 신뢰받는 제품 따위 만들 수 없다는 원점도 찾았다. 그리고 공장 내에 직원용 기숙사를 두고 교실까지 여러 개 설치해 인재 육성에 거액의 선행 투자를 시행한다.

이러한 경영은 결코 진기함을 자랑하는 것이 아닐 것이다. 새로움은 아무것도 없고 재미있는 이야기도 아니다.

그러나 현실 회사 경영에서는 그렇게 평범한 일을 철저히 하는 리더가 결과를 낸다. 실제로 군제의 생사는 그 후 아주 단기간에 정량우미(精良優美)빼어나고 아름다움라는 최고의 품질 평가를 받고 세계적으로 성공한다.

게다가 1900년에 열린 파리 만국박람회에서는 금메달을 수상하고, 다음 해 1901년에는 미국용 고품질 생사 수출이 본격적으로 시작되는 등 귀중한 외화 수입원으로 성장하여 국책에 공헌한다. '품질 조악'으로 무시 받던 한촌의 생사는 불과 5년 만에 세계 최고의 제품으로 변모했다.

그러나 여기에서 말하고 싶은 군제의 대단한 점은 사실 그것이 아니다. 1918년 창업자 하타노는 60세에 급사하지만 그가 키운 후계 경영진의 우수함이 군제는 물론 일본의 보물이었다.

이 당시 미국에서 레이온 생산이 활발해지자 일본의 생사 생산은 큰 타격을 받는다. 생사보다 저렴한 섬유 소재가 보급되어 경영 환경이 뿌리부터 뒤집혔다.

그러자 경영 위기에 처한 군제는 대량의 재고가 된 생사를 이용해 최종 제품의 제조·판매에 진출하는 결단을 내렸다. 생사를 생사 그대로 팔아서는 아주 값싸게 팔리지만 최종 제품까지 완성하면 충분히 이익을 낼 수 있다고 판단한 것이다.

게다가 이때 군제는 원재료부터 자사에서 만든다는 강점을 살려 최종 제품의 품질을 철저하게 관리했다. 요즘 말하는 고급 노선을 지향하며 저렴한 섬유 소재로는 낼 수 없는 질감과 만족감으로 소비자의 지지를 얻는 것을 목표로 했다. 그 가격대는 타사 제품과 비교해 20% 정도 비쌌다고 하는데 '금의 품질, 은의 가격'이라 불리며 브랜드화하여 1950년대에는 확고한 위치를 확립한다.

아울러 1960년대에는 시대의 변화에 맞춰 여성용 팬티스타킹을, 1970년대의 베이비붐 시대에는 아기 용품을 만들며 의류 사업의 기초를 구축했다. 이리하여 오늘날 중장년 세대가 떠올리는 군제 제품이 우리의 일상에 자리 잡았다.

한편 군제의 경영진은 기사회생의 성공 경험에도 절대 안

주하지 않았다. 큰 시대의 흐름은 역시 천연 소재에서 화학섬유로 변화할 것임은 명백하다. 그래서 1940년대에는 새로운 섬유 소재 연구를 시작해 1970년대에는 본격적으로 화학섬유의 제조·판매를 시작한다.

그리고 그 과정에서 화학제품 취급 노하우를 얻어 포장 자재의 자체 제작을 이루더니 다양한 석유화학제품 제조에도 뛰어든다. 이리하여 플라스틱, 염화비닐, 특수 필름으로 사업 영역 확대를 이어가고 오늘날에는 터치패널 소재까지 제조하는 종합 기업으로 성장했다.

늘 10년, 20년 앞의 시대를 읽으며 강점을 살린 수평 전개로 변화에 적응하는 군제의 경영은 놀라울 정도로 강하다. 성공이란 쇠퇴의 시작이자 순조롭기에 위기의식을 가져야 한다는 중요성을 우리에게 알려준다.

127년 이어진 '늘 새로운 노포 기업'에게 우리가 배워야 할 점은 너무나 많다.

신뢰받는 직원이 신뢰받는 제품을 만든다

신문의 쇠퇴에 대해 다시 이야기해보자.

신문사의 본질적인 강점이란 본래 '지성 있는 기자·편집자'가 '취재와 증거'에 근거해 '신뢰할 수 있는 정보'를 알리는 것에 있을 것이다. 그래서 전후 신문 기자는 지식인으로 여겨져 많은 정치인까지 배출하고, '제4의 권력'이라 불릴 정도로 국민의 강력한 지지를 얻어왔다.

그렇다면 이것이야말로 적당한 정보가 유포되는 인터넷 미디어 시대에 형태를 바꾸면서도 지켜야 할 존재 의의가 아니었나. 군제가 갈고 닦은 최고 품질의 생사를 수평 전개하여 절망적인 환경 변화를 기회로 바꾸었듯이.

그런데도 발행 부수가 감소 경향을 보이자 각 신문사의 경영진은 모두 침착함을 잃고 이 가장 중요한 본질을 잃었다. 그리고 자사의 핵심 독자층에 영합하여 글이 점점 첨예화되고 객관성을 잃었다.

이러한 본질을 포기한 방법으로 발행 부수를 유지·회복하는 것이 가능할 리가 없지 않을까.

물론 모든 회사, 모든 기사와 지면이 그런 것은 아니다. 지

왜 이런 사람이 리더인가?

금도 회사에 따라 높은 뜻으로 지면 만들기에 힘쓰는 훌륭한 기자가 있다는 것도 나는 알고 있다.

그러나 '나쁜 돈이 좋은 돈을 몰아낸다'는 말처럼 팩트가 의심스러운 자의적인 말이 조금 섞여 들어가는 것만으로 이제 그 지면은 모두 못쓰게 된다. 갓 만든 맛있는 라멘에 단 한 방울의 오수를 떨어트리는 것만으로 더 이상 그것은 아무도 먹을 수 없는 음식물 쓰레기가 되는 것이다.

"선한 사람이 좋은 실을 만들고, 신뢰받는 사람이 신뢰받는 실을 만든다."

군제의 창업자 하타노 쓰루키치가 정한 이 창업의 원점을 보고 각 신문사 경영자는 지금 무슨 생각을 할까.

"선한 기자가 좋은 지면을 만들고, 신뢰받는 기자가 신뢰받는 지면을 만든다."

그런 마음으로 자사 사원을 소중하게 키우고 있을까.

환경의 격변을 극복하고 127년, 강하고 늠름하게 성장을 이어가는 군제의 역사에서 꼭 많은 것을 배우길 바란다.

여담이지만 군제는 1987년, 대대로 내려오던 생사 제조에서 완전히 철수하여 91년의 역사에 막을 내렸다. 그렇다면 지금의 군제는 하타노 쓰루키치가 만든 회사와는 다른 것일까.

나는 결코 그렇게 생각하지 않는다. 경영자가 창조하는 것은 '본질적인 가치'이며, 창업 이념은 지금도 경영진에 의해 굳건히 지켜지고 있으니까.

군제의 역사와 경영진의 이러한 결단은 창업지 교토부 아야베시에 존재하는 '군제 박물원'을 방문하면 피부로 느낄 수 있다. 다이쇼 시대 누에고치 창고의 분위기가 그대로 느껴지는 박물관이 되었으며 방문하는 것만으로도 즐길 수 있는 장소다. 교토역에서 특급으로 1시간 이상 걸리는 긴 여정이 되겠지만 그럴 만한 가치가 있는 곳이다.

04
현장 지휘관이 진짜 두려워하는 것

후쿠시마와 이라크 중 더 어려운 임무는?

"비교가 되지 않아요. 후쿠시마 원자력 발전소가 훨씬 어려운 임무였어요."

"네? 이라크에서는 매일 밤낮으로 미사일이 떨어지는데요?"

이것은 다우라 마사토 전 육장에게 들은 '비화'다. 자위대 역사상 가장 가혹한 '전장'에서 지휘관을 역임한 몇 안 되는 리더 중 한 명이다.

그중에서 특히나 힘들었다고 생각하는 임무 중 하나가 이라크 파견 제2차 대장을 지냈을 때다. 다우라가 부대를 지휘한 반년 동안 숙영지에는 이라크 파견 기간 중 절반에 상당하는 대량의 로켓탄이 날아들었다. 다른 나라 군에서는 많은 병사가 사상하는 가운데 말 그대로 전장에 서서 지휘를 내린 것이었다.

또 하나 힘든 임무였다고 생각하는 것이 3.11 후쿠시마 제1원자력 발전소 부임이다. 지진이 발생하자 다우라는 즉시 현장으로 출동할 것을 명령받고 자위대, 경찰, 소방, 기타 현지 조직을 통괄하는 지위에 오른다. 일반인에게 전혀 알려지지 않았지만 리더로서 긴급한 상황에서 원자력 발전소를 제압하는, 즉 일본의 운명을 짊어진 지위를 맡은 셈이었다.

"이라크와 후쿠시마 원자력 발전소, 리더로서 지휘관으로서 더 가혹했던 것은 어느 현장이었나요?"

이 두 가지 임무 모두 상상할 수 없을 정도로 힘들었다고 생각하지만 이렇게 물었을 때 바로 돌아온 대답이 "후쿠시마 원자력 발전소가 훨씬 어려운 임무"였다.

납득이 가지 않는다. 아무리 후쿠시마 원자력 발전소가 힘들었다고 해도 국내의 재해에 대응한 게 아닌가. 타국의 전장

왜 이런 사람이 리더인가?

에서 대량의 미사일 공격을 받는 것보다 힘들었다니 말이 안 되지 않나. 그러자 다우라는 생긋 웃으며 설명을 시작한다.

"모모노 씨, 리더가 될 군대 간부는 모두 '임무 분석'이라는 교육을 받아요. 이 생각에 비추어보면 답은 분명해요."

열심히 해도 소용없다면 모든 것이 무너진다

다른 이야기지만 오사카의 중견기업에서 경영 재건을 담당했던 시절의 일이다. 어느 날 최고경영자가 나한테 와서 이런 이야기를 했다.

"경리부의 야마모토 말인데 녀석도 권고 사직하면 좋지 않을까?"

야마모토는 아직 20대 후반이었지만 의지할 수 있는 존재였다. 놀란 나는 대체 무슨 이야기인지 되물었다.

"단순한 이야기야. 총무·경리는 문제없이 돌아가니 사람을 좀 더 줄여도 문제없지 않을까."

"사장님, 지금도 결코 여유 있는 상황은 아닙니다. 이 이상의 인원 감축은 역효과가 더 큽니다."

새삼스러운 일도 아닌 것이 간접 부문을 경시하는 리더는 꼭 이런 말을 한다. 업무가 돌아가고 있으니 사람이 남는 것이다. '더 줄여야 한다'라고.

이런 '병참 경시'(兵站輕視)군사 작전에 필요한 인원과 물자를 관리, 보급, 지원하는 일(병참)을 낮추어 보는 리더에게는 한 번 급여를 늦게 주고 청구서를 방치하여 간접 부문이 기능 부전을 일으킬 두려움을 겪어보게 해야 한다. 그러나 그런 짓을 하면 큰일이 나기에 책임감 있는 사원은 무보수로 잔업을 해서라도 셋이서 해야 할 업무량을 둘이서 소화한다. 그러면 어리석은 리더는 꼭 이렇게 말한다.

"자, 하면 되잖아."

그러던 어느 날 최고경영자가 임원 회의에서 이런 제안을 한다.

"사원의 급여를 일률적으로 5% 줄이고 싶네. 즉효성이 있는 경영비 삭감이니 각 부문장은 검토해주길 바라네."

"사장님, 상황은 물론 이해합니다만, 이 상황에서 일률적으로 줄이는 것은 사원의 심리적 부담이 너무 큽니다. 시간 단축 근무 등 납득할 수 있는 선택지와 함께 검토해주세요."

"노동기준법 상한으로 고용 계약을 설정하고 있는데 비용

왜 이런 사람이 리더인가?

만 증가하고 있다고. 필요 없어."

"……."

한심하게도 나는 이때 더는 말이 나오지 않았다.

그러나 몇 번의 정리해고, 상여금 전액 삭감, 무보수 잔업의 사실상 강제, 그와 더불어 업무량 증가로 사원의 심신은 피폐해졌다. 그런 상황에서 급여의 일률적 삭감으로 타격을 가하자 역시나 한계를 초과하게 된다. 급여를 무조건 삭감한다는 경영 의사 표시는 '열심히 해도 소용없다'라고 통고하는 것과 같으며 그만큼 엄중하다.

그리고 실제로 이 통첩을 한 직후에 우려했던 일이 일어난다. 현장 리더인 여성 사원을 중심으로 다음 날부터 '출근 거부'가 시작되었다. 첫날은 세 명이었지만 동조하는 사원이 늘어 3일째에는 스무 명이 넘었다.

그 결과 제조 라인은 부분적으로 멈출 수밖에 없었고 다대응할 수 없는 수의 클레임 전화가 걸려온 탓에 결국 공장 업무가 마비되고 말았다. 그리고 그녀들은 사장의 퇴임과 더불어 급여 삭감 철회를 요구하기 시작했다.

이런 자연발생적인 '진짜 동맹 파업'이 지금 일본에서 일어날 수 있는 일인가…….

그런 생각을 하면서 니도 생산 라인과 함께 밤을 새우며 조금이지만 비리더태에 대처했다.

한편으로 '동맹 파업'을 시작한 사원들에게는 '상황이 진정되면 최고경영자 교체를 검토할 것', '먼저 고객을 위해 라인을 복구할 것'을 호소하며 마침내 2주 만에 사태를 진정시키는 데 성공했다.

덧붙여 이 소동의 소용돌이 속에서도 사장이 '정리해고 후보'로 지명한 경리 야마모토는 무보수 잔업으로 우리와 함께 생산 라인에 계속 서주었다. 그보다 연배가 있는 간부가 재빠르게 사직을 신청한 와중에 말이다.

그렇게 밤을 새우고 땀을 흘리며 생산 라인에서 올라온 나를 발견한 최고경영자가 한 말이 지금도 잊히지 않는다.

"어째서 이렇게 되었을까. 정말 모르겠어……."

"……."

나는 왜 이 사람을 막지 못했을까. 최고경영자에게 자사와 자신을 객관화시키지 못했던 나에게 2인자로서 중대한 책임이 있다는 것에 의심의 여지가 없다. 그러나 어떻게 말해야 이 사람의 의사를 바꿀 수 있을까…….

결국 당시의 나는 그 명확한 대답을 찾지 못했다. 그러나

왜 이런 사람이 리더인가?

그로부터 꽤 시간이 지나고 이제는 하나의 명확한 답을 가지고
있다.

　이러한 순간에 리더를 보좌하는 이인자가 해야 할 일은 분
명하다.

조직을 완전히 바꾼 리더의 한마디

다우라 전 육장의 이야기로 돌아가보자. 그는 왜 매일 밤낮 미
사일이 떨어진 이라크 '전장'보다 후쿠시마 제1원자력 발전소
의 임무가 더 힘들었을까.

　"모모노 씨, 리더가 될 군 간부는 모두 '임무 분석'이라는
교육을 받아요. 이 사고방식은 '필성목표(必成目標)'와 '망성목표
(望成目標)'라는 구체적으로 달성해야 할 목표를 도출하는 것이
에요."

　"네."

　"필성목표는 반드시 달성해야 하는 구체적인 목표예요. 망
성목표는 가능하면 달성해야 하는 목표예요. 우리는 여러 임무
에서 이것을 의식해요."

"……네."

"그리고 이라크에서의 필성목표는 대원 전원을 무사히 귀국시키는 것이었어요. 그 이상 중요한 일은 없기에 미사일이 떨어지면 피난한다는 판단 외에는 없었어요. 수상하다고 생각하면 부족장 방문도 직전에 취소했어요."

(……그렇구나.)

"그러나 후쿠시마 제1원자력 발전소는 달라요. 필성목표는 원자력 발전소를 진압하는 것이었어요. 목표 달성을 위해 부하에게 무사 귀환할 가능성이 높지 않은 임무를 명령해야 했어요."

"……."

너무나 무거운 내용에 할 말을 잃었다. 원자력 발전소 제압을 위해 자신과 부하의 생명을 요구받은 리더가 있었다는 것을 나는 전혀 몰랐다. 덧붙여 정치인은 이런 순간에 만약 희생자가 나와도 절대로 결과 책임 따위 지지 않을 것이다.

즉 원자력 발전 제압 과정에서 만약 다우라나 그 부하가 희생되었다면 반드시 다우라가 희생양이 되어 유족의 원망을 받았을 것이다.

그러한 가운데 국민과 국토를 지킨다는 '필성목표'를 위해

왜 이런 사람이 리더인가?

조용히 결단을 내렸던 리더십의 무게는 말로 다 표현할 수 없다. 절대 드러낼 수 없는 '비화'이지만 부디 각자의 해석으로 받아들여 주길 바란다.

그리고 이야기는 내가 이인자로서 막지 못했던 리더에 대해서다. 나는 그때 그 입장에서 어떻게 행동해야 했을까.

그것은 심플하게 '사장님, 우리 회사가 완수해야 할 임무는 뭔가요?'라는 질문을 계속해서 해야 했던 게 아닐까. 즉 회사, 사장, 나의 임무 분석과 공통 인식의 형성이다.

말할 것도 없지만 이것은 액자 속에서 먼지를 뒤집어쓰고 있는 '경영 이념'과 '신조' 같은 그럴싸한 말과는 다른 차원의 이야기다. 당사의 필성목표와 망성목표는 무엇인가. 최고경영자와 2인자인 내가 단기·중기·장기 목표에 대해 의사소통이 가능했다면 그렇게까지 적당주의식으로 잘못된 경영 판단이 내려지지는 않았을 것이다.

그리고 안타깝게도 일본에서는 경영진, 즉 리더의 이익을 최우선으로 경영 판단이 내려지는 일이 너무나 많다. 그런 리더에게 만약 임무 분석을 요구한다면 분명 이런 말을 할 것이다.

'고객 제일주의', '직원의 행복이 제일' 그런 순간에 내가 이

인자라면 이렇게 말하고 싶다.

"사장님, 직원의 행복이 필성목표라면 정리해고가 아니라 경영진이 집을 팔아야 하는 게 아닐까요."

극단적인 논의라고 생각하려나. 그러나 후쿠시마 원자력 발전소에서 다우라는 원자력 발전소가 수소 폭발을 일으켜 연달아 제어 불능에 빠지는 긴급사태 속에서 당시 도쿄전력의 요시다 마사오 후쿠시마 제1원자력 발전소장에게 가서 이런 말을 했다.

"요시다 씨, 당신에게 무슨 일이 있으면 어디 있든, 아무리 위험한 상황이든 반드시 구하러 가겠습니다. 그것을 위한 준비는 되어 있습니다."

그 말을 들은 요시다는 다우라의 손을 잡고 그저 말없이 눈물 한 방울을 흘렸다고 한다. (무슨 일이 일어나도 이 사람은 나를 버리지 않을 거야…….)

그 말을 믿을 수 있던 요시다의 심정은 어땠을까. 집을 파는 정도가 아니라 목숨을 걸고 구하러 오겠다고 선언한 것이다.

리더에 대한 신뢰는 그 정도로 조직을 완전히 바꾼다. 훌륭한 리더란 이 정도로 모두에게 용기를 준다.

모쪼록 '임무 분석'이라는 사고방식을 한 넝이라도 많은 리더가 참고하길 바란다. 그리고 그에 부끄럽지 않은 리더를 목표로 행동하기를 바란다.

05
리더의 그릇이 작으면
혼란을 초래한다

이상적인 리더의 큰 그릇

역사에 남는 훌륭한 리더십을 떠올리면 어떤 인물이 생각날까.

앤드루 카네기 같은 경청 능력이 뛰어난 유형, 스티브 잡스 같은 천재적인 자질을 가진 사람, 오다 노부나가 같은 강렬한 리더십 등 사람에 따라 이미지도 이상도 다양하겠지만 나는 예전부터 딱 한 사람 '이런 리더십이 정말 말이 되나'라고 의문을 품은 리더가 있다.

메이지 유신의 주역 중 한 명인 사이고 다카모리의 사촌이

왜 이런 사람이 리더인가?

자 태평양 전쟁에서 일본이 패전할 때까지 이상적인 리더로 많은 사람의 존경을 받은 인물인 오야마 이와오 원사다.

그러나 그에 대해 말할 수 있는 것은 어떤 의미에서 이질적이다. 부하에게 일을 맡기고 자신은 아무것도 하지 않는다. 늘 싱글벙글 웃기만 하고 부하의 일에 일절 입을 떼지 않는다.

"책임은 내가 질 테니 하고 싶은 대로 하게"라고 말하며 직장에도 얼굴을 잘 내밀지 않는다.

그런 자세를 어찌나 철저히 유지했는지 러일 전쟁 중에 총공격을 받아 크게 혼란스러운 사령부에 불쑥 얼굴을 내밀더니 생긋 웃으며 이렇게 물었다는 에피소드가 있을 정도다.

"밖이 소란스럽네요, 무슨 일이 있었습니까?"

이런 총대장이 훌륭한 리더라는 것이 정말 말이 되는가……. 그러나 실무 면에서 보자면 그를 보좌한 총참모장은 그 덕분에 이길 수 있었다며 진심으로 존경심을 드러냈다.

이론상으로는 왠지 모르게 알 것 같지만 이런 리더가 직장에 있으면 틀림없이 부하에게 무시당할 것이다. 육감적으로 맞지 않는 위화감을 오랫동안 느껴왔는데 그러나 나이 지긋한 아저씨가 된 지금은 이렇게 생각한다.

될 수 있다면 싱글벙글 웃기만 하고 부하의 일에 일절 입을 떼지 않는 훌륭한 리더가 되고 싶다고.

지휘관이 무너진 조직

오사카 중견기업의 재건을 담당했을 때의 일이다. 거래처 등으로부터 거액의 지원을 받고, 또 수억 엔의 은행 대출도 상환을 연기하면서 어떻게든 자금을 마련했지만 실적은 조금도 상향되지 않는 상황이 이어졌다.

'법적 정리도 현실적인 선택지인가……'

그런 생각이 머릿속을 스쳐가는 등 경영은 크게 궁지로 내몰렸다.

이렇게 되자 주주들의 추궁이 매우 심해졌다. 임직원의 급여 삭감은 물론 결과를 내지 못하는 간부의 해임, 직원 정리 등 가차 없는 요구가 날아들었다. 임원 회의에는 매번 대주주가 참석하여 적자를 계속 내는 사업본부장에 대한 엄청난 추궁이 이어졌다.

"왜 영업 계획이 예정대로 진행되지 않나요? 어떻게 하면 계획을 달성할 수 있을지 설명하세요."

"연일 늦게까지 영업하고 있지만…… 앞으로는 주말도 쉬지 않고, 자지 않고 영업하겠습니다."

"노력하겠다는 이야기는 그만 하세요. 실적을 올리지 못하는 이유를 설명하고, 그 해결책을 내라는 말입니다!"

"……."

대형 리더 출신으로 수완가라는 이야기가 있었던 본부장은 전혀 기능하지 못했다. 정량적인 대화를 요구하는 주주의 추궁에 노력하겠다는 대답만 하는 등 서로 대립하는 상황이 이어졌다.

"3주 후에 한 번 더 임시 임원회 개최를 요구합니다. 본부장은 그때까지 현실적인 개선 계획을 작성하세요."

"……알겠습니다. 다음번에는 영업부장과 제조부장 두 명도 참가하라고 설명하겠습니다."

이렇게 그날 임원 회의는 겨우 끝났지만 다음 날부터가 비참했다. 본부장은 영업과 제조 등 각 부서를 돌면서 신경질적으로 화내면서 변덕스러운 지시를 반복했다.

"층마다 조명 다 켜지 마!"

"현재의 5배로 뛸 수 있는 영업 계획을 만들어!"

게다가 저녁 8~9시가 되어 영업부 사원이 퇴근하려고 하자 퇴근을 막는 등 그야말로 혼돈이었다.

"성과도 못 냈으면서 벌써 돌아갈 셈이야!"

(패색이 짙어지면 이렇게 지휘관부터 조직이 무너지는 걸까…….)

그것이 여실히 느껴지는 분위기에 나까지 평정심을 잃을 것 같았다. 그리고 맞이한 3주 후의 임시 임원 회의에서도 본부장은 달라지지 않았다.

'공과금을 최대한 절약하여 경비를 줄이겠습니다', '영업 계획을 다시 검토했으니 반드시 실적을 낼 수 있을 겁니다' 등 근거 없는 설명에 주주는 지난번보다 더 화를 내며 더 심하게 추궁했다. 그 뒤에서 영업부장, 제조부장이 아래를 보며 그저 면목 없다는 듯 위축되어 있었다.

사실은 나 자신이 무능했다

이러한 비생산적인 분위기를 견디지 못하고 나는 제조부장에게 이렇게 말했다.

"부장님, 제조 비용 중 큰 부분을 차지하는 것은 전기비입니다. 이 열원을 가스로 바꾸는 것만으로 큰 비용 절감을 예상

왜 이런 사람이 리더인가?

할 수 있지 않나요?"

"네, 이 화력은 가스로 해야 합니다. 전기로 하는 장점은 거의 없다고 생각합니다."

"그렇다면 왜 전기를 선택했나요?"

"설비 투자 초기 비용이 저렴했기에 본부장님 지시로 갱신할 때 그렇게 했습니다."

말도 안 된다……. 일반적으로 열원 유지 비용은 가스가 훨씬 싸다는 것 정도는 나도 안다. 그러자 이 대화에 바로 주주도 끼어들었다.

"그 설비를 다시 가스로 바꾸면 비용을 얼마나 아낄 수 있나요?"

"정확한 것은 바로 대답할 수 없지만 아마 매달 100만엔 정도일 것입니다."

"설비 교체에는 어느 정도의 비용이 듭니까?"

"대충 2,000만엔 정도라고 생각합니다. 꽤 유리한 투자라고 생각합니다."

그야 그렇겠지. 즉 이 투자는 1년 8개월 만에 본전을 찾을 수 있고, 품질을 떨어트리지 않고 누구도 부담하지 않고 큰 비용 절감이 되는 셈이다. 하지 않을 이유가 무엇 하나 없다.

그 후에도 제조부장에게 원재료비와 제조원가 중 큰 비율을 차지하는 비용에 대해 질문을 던졌는데 돌아오는 대답은 모두 완벽했다.

"200만 엔의 틀 비용 예산을 생각하면 이 부재료는 A사에서 B사로 바꾸는 편이 이득입니다. 연간 500만 엔을 절약할 수 있습니다."

"현재 실시 중인 비용 절감은 무의미합니다. 원재료비는 저렴해지지만 그만큼 인건비로 메우고 있기에 비싸게 칩니다."

결국 이날 임원 회의는 어느 정도의 추가 투자가 있으면 얼마만큼의 비용 절감을 전망할 수 있느냐는 이야기에서 뜻밖의 추가 지원 이야기로까지 발전했다. 그리고 그중 몇 가지는 실현하여 경영 개선의 큰 계기가 되었다.

이날의 대화로 나는 나의 미숙함, 최고재무책임자인 CFO로서의 능력 부족을 뼈저리게 깨달았다. 숫자에 약한 본부장은 분명 한심하지만 실무에서 비참한 피해를 입은 것은 그 밑에 있는 부하들이다.

그렇다면 CFO는 각 부서를 적극적으로 돕고, 문제점과 사고방식을 정량적으로 제시하고, 그 의사결정을 지원하는 것이 진정한 본분이 아니었을까. 그것을 깨달았다면 좀 더 빨리 경

왜 이런 사람이 리더인가?

영 개선을 추진할 수 있었을 텐데.

경영을 정량적으로 나타내는 것은 시작에 불과한데 목표라고 착각했던 나는 얼마나 많은 사람에게 민폐를 끼쳤을까……. 벌써 한참 전의 일이지만 무능한 나에게 내린 벌로 지금도 가슴에 새기고 있다.

훌륭한 리더십의 정체

직장에 제대로 얼굴을 내밀지 않고 부하에게 일을 통째로 떠넘기는 듯한 리더가 왜 필요할까?

그런 리더는 부하의 의사결정과 방식에 일일이 입을 떼는 사람은 아니었지만 한편으로 정량적으로 조직의 상태를 파악하는 것에 뛰어난 사람이다. 어제와 오늘의 숫자 차이, 지난주와 이번 주의 숫자 차이, 지난달과 이번 달의 숫자 변화…….

요즘 시대의 조직 운영에서는 기본 중의 기본이지만 조직의 변화와 평소와는 다른 이상(異常) 수치는 반드시 차분으로 나타난다. 무엇이 정상이고 무엇이 이상한가는 숫자를 비교하여 차분을 평가하지 않으면 파악하는 것조차 불가능하기 때문이다. 그리고 거시적 차분에서 미시적 차분으로 세분화하면 반드시 놀라울 정도로 변화와 이상함의 근원을 파악할 수 있다.

극단적으로 말하면 경영 개선의 힌트도, 사원의 노력도, 횡령 등의 부정도 차분을 보면 거의 놓치지 않는다.

그리고 오야마 이와오를 보좌한 총참모장은 최소 하루에 두 번 그에게 정시 보고를 빼놓지 않은 사람이었다. 즉 오야마는 조직의 상태와 숙련도·사기, 가능한 일과 불가능한 일을 모두 정확하게 파악했던 셈이다. 이 순간에야말로 장수의 그릇의 크기가 드러난다.

한심한 리더는 이상 수치의 표층에 일희일우(一喜一憂)한편으로는 기뻐하고 한편으로는 걱정함. 또는 기쁨과 근심이 번갈아 일어남하며 엉터리 지시를 내린다. 마치 주주의 추궁에 패닉 상태에 빠진 사업본부장처럼.

평범한 리더라면 숫자를 정확하게 파악한 후에 적절한 개선 방법을 부하에게 지시할 것이다. 이것은 분명 현장의 어려움을 정량적으로 파악하고 의논해야 했음을 깨달은 무능한 CFO였던 나에게 해당하는 이야기다.

유능한 리더라면 숫자를 정확하게 파악한 후에 부하에게 알려주고, 개선 방법을 직접 생각하도록 촉구해야 하는 게 아

왜 이런 사람이 리더인가?

닐까. 이 방법이라면 효율적으로 사람을 키울 수 있겠으나 그러나 문제 발견 능력 그 자체는 분명 익힐 수 없을 것이다.

그리고 최고의 리더는 분명 숫자를 정확하게 파악하여 문제를 이해하면서 일절 입을 떼지 않고 최대한 견딜 수 있는 사람이다. 쉬운 것 같지만 모든 책임을 지면서 이러한 인내심을 유지하려면 상당한 담력을 갖춰야 한다.

그리고 부하 입장에서 보면 그런 리더는 큰 재량을 맡겨주면서 어려울 때는 함께 의논하고 적절한 조언을 해주는 리더로 보인다. 바꿔 말하면 공은 부하가 다 가져가도록 하고 실패는 모두 자신의 책임으로 여기며 받아들이는 리더다.

이런 리더가 이끄는 조직이 약할 리가 없다. 이것이야말로 조직 운영 관점에서 바라보면 오야마 이와오에게 배울 수 있는 리더십이다. 그렇기에 할 수 있다면 이런 리더가 되고 싶다고 생각하고, 한 명이라도 많은 리더가 그 높은 곳을 목표로 하길 바란다.

06
가능성을
믿는 것에서 시작한다

말도 안 되는 기적

139 대 0. 이것은 2016년 12월 제96회 전국 고교 럭비 대회에서 기록한 히가시후쿠오카 고등학교와 하마마쓰 공업고등학교의 경기 점수다.

이 경기에서 히가시후쿠오카 고등학교는 20트라이를 성공했는데, 고등학교 럭비는 전후반 30분 총 60분 게임이다. 즉 3분에 1개의 페이스로 트라이를 계속 성공했다는 계산이 되는데 이것은 더는 게임이라고 할 수 있는 상황이 아니다.

왜 이런 사람이 리더인가?

139득점은 대회 신기록이 되었는데 반대로 패배한 선수들은 분명 진심으로 분했을 것이다. 어찌할 도리 없이 싸움이 안 되는 전황에서 그라운드에 계속 서 있는 무력감은 충분히 짐작이 간다.

그러나 만약 이러한 큰 차이로 패배한 아이들이 좋은 지도자를 만나 맹훈련을 받고 불과 1년 만에 설욕한다면 어떻게 생각할까.

그리고 이런 일이 실제로 일어났다. 40대 이상이라면 기억할 것 같은데 드라마 '스쿨워즈'로 알려진 야마구치 요시하루의 이야기다.

야마구치는 1975년에 후시미 공업고등학교의 럭비부 감독으로 취임하고 얼마 지나지 않아 하나조노 고등학교를 상대로 112 대 0의 큰 차이로 패배했다. 그러나 1년 후 교토부 대회 결승에서 하나조노 고등학교를 18 대 12로 격파해 아이들과 흙투성이가 되어 환희의 눈물을 흘린다. 게다가 그 기세 그대로 1981년 전국 제패까지 달성해 일본 럭비 관계자를 놀라게 만든 기적까지 일으켰다. 이 이야기가 어떻게 느껴질까.

야마구치는 전 일본 대표 출신 일류 선수였기에 일류 지도자가 된 거라고 생각할지도 모른다. 혹은 마침 재능 있는 아이들을 만난 드문 사례라고 생각하는 사람도 있으려나. 물론 현실적으로 그러한 요소도 분명 있었을 것이다. 그러나 나는 굳이 말하자면 그것은 큰 문제가 아니라고 생각한다.

그리고 이 기적에서는 틀림없이 누구나 할 수 있는 '결과를 낼 수 있는 리더의 모습'을 배울 수 있을 거라고 생각한다. 그것은 무엇일까.

패자 집단을 바꾼 리더

과거 미국에 이상한 항공 회사가 하나 있었다. 그 회사는 정시 도착률, 수하물 분실률, 승객 10만 명당 클레임 수가 미국에서 단연 1위였다.

더불어 탑승 거부 수소정의 절차가 끝났음에도 불구하고 게이트에서 탑승을 거부당하는 여객 수에서도 1위를 다투는 항공사다. 그래서 10년 동안 두 번 회사갱생법 적용을 신청하고 몇 번이나 도산하는 참상이었다. 1994년 당시의 컨티넨탈 항공이다.

이런 항공사는 간단히 말해 얼른 소멸해야 할 것이다. 그러나 이런 상태에서도 어떻게든 다시 일으켜 세우더니 존재감을 드러낸 특이한 경영자가 있었다. 미 해군 사관 출신으로 조종사이기도 했던 고든 M. 베튠이다.

그리고 결론부터 말하면 고든 M. 베튠은 컨티넨탈 항공의 CEO에 부임하고 불과 1년 만에 회사를 흑자로 전환하고, 컨티넨탈 항공을 미국 굴지의 사랑받는 항공사로 대부활시켰다. 정시도착률, 수하물 분실률, 클레임 수 등 주요 지표를 모두 미국에서 가장 뛰어난 성적으로 끌어올려 초우량 항공사로 재탄생시켰다. 대체 어떤 마법을 사용했던 걸까.

솔직히 그가 실시한 시책을 일일이 열거하면 끝이 없다. 그러나 본질적으로 그가 한 것은 취임 직후에 전 직원과 나눈 단 하나의 약속으로 수렴된다.

'정시도착률로 미국 5위 이내에 들면 전 직원에게 65달러의 임시 보너스를 지급하겠다'는 것이다.

뭐야, 고작 7,000엔으로 직원을 낚은 것뿐인가,라고 생각할지도 모르나 틀렸다. 고든은 컨티넨탈의 CEO로 취임하자 바로 이 조직이 가진 본질적인 두 가지 병을 깨달았다.

하나는 직원이 언제 간부를 습격할지 알 수 없을 정도로 상하 신뢰 관계가 전혀 성립되지 않았다는 것. 또 하나는 조직 구석구석까지 '지는 버릇'이 배어 있었다는 것이다.

고객에게 욕을 듣고, 리더는 책임을 회피하고, 설상가상
몇 번이나 급여를 삭감당했으니 당연할 것이다.

이 상황을 보고 고든은 먼저 경영진이 직원에게 신뢰받지
못하면 조직이 제 기능을 못한다고 생각한다. 그리고 '이기는
즐거움'을 경험시키지 않으면 직원이 고개를 들어주지 않는다
는 것도. 그래서 조금만 노력하면 성과가 나오는 과제로 보너
스를 준다는 약속을 직원과 나누었다고 한다.

이 제의에 직원은 반신반의하기는 했지만 각자 할 수 있는
일에 착수한다. 전미 1위를 목표로 하라고 하면 무리지만 5위
안이라면 뭐 열심히 하면 되지 않을까, 하는 목표이기 때문이
다. 그러자 직원들은 이 약속을 한 다음 달에 바로 정시도착률
4위를 달성한다.

게다가 고든은 고든대로 65달러에서 원천징수하여 참새
의 눈물 정도가 된 금액을 각자의 은행 계좌에 입금하는……
일은 하지 않았다. 세후 65달러에 딱 맞도록 계산하여 가능한
한 많은 직원에게 직접 수표를 나누어주었다.

반복되는 급여 삭감으로 생활도 빠듯했던 직원들이 단돈
7,000엔의 수표를 보고 어떻게 생각했을까. 한 직원은 아이의
손을 잡고 슈퍼마켓으로 데려가 "좋아하는 시리얼 몇 개든 사

줄게!"라며 자랑스럽게 가슴을 폈다고 한다.

한 직원은 수표를 받은 것을 남편에게 숨기고 오랫동안 원하던 것을 드디어 샀다며 고든을 붙잡으며 기쁜 듯 자랑까지 했다고 한다.

그저 이것만으로 고든은 전 직원에게 '이번 보스는 믿을 수 있다!'라는 평가를 거두었으며, 그리고 '승리의 기쁨'을 맛보게 했다. 그러자 고든은 다음에는 "미국 1위를 하면 보너스 지급, 월 100달러의 보너스를 주겠다"라며 새로운 허들을 설정했다.

우리의 진짜 일은 무엇인가?

그러나 한 번 고개를 들고 눈을 빛내기 시작한 직원만큼 강한 자는 없다. 이 정도 목표는 가볍게 완수하고, 마침내 미국 1위를 달성했다.

이제 컨티넨탈의 분위기는 확연히 달라졌고 자신감과 활기로 가득한 '유능한 집단'으로 다시 태어나려 하고 있었다.

그런데 여기에서 큰 문제가 하나 발생했다. 정시도착률이 개선되면서 승객의 수하물 분실률이 악화된 것이다. 쉽게 상상

되겠지만 직원들은 정시도착률 보상에 눈이 멀어 수하물 취급에 소홀해졌다.

이 사태에 고든은 "수하물 분실률을 미국 5위 이내로 개선하면 보너스를……"이라는 말은 하지 않았다. 고든은 직원들에게 묻는다. "우리의 진짜 일은 무엇인가?"라고. 수하물은 없어져도 된다, 정시에 목적지에 도착만 하면 충분하다고 생각하는 고객이 얼마나 존재할까, 라고.

경영자를 신뢰할 수 있고, 그리고 승리를 갈망하기 시작한 집단에 이제 새로운 문제는 해결해야 할 신나는 도전이 되었다. 자신들의 진짜 일은 고객들이 만족하는 것이라고 바로 이해한다.

그리고 경영자가 '이기기 위해 무엇을 하면 좋을지'를 제시하면 그것을 실행하기 위한 보너스 따위 이제 필요 없어진다. '성과를 내는 것' 이상으로 기분 좋은 일은 없다는 것을 그들이 알아버렸기 때문이다.

그러자 고든도 취임하고 불과 7개월 후에는 전 경영자가 삭감했던 직원들의 급여를 원래 수준으로 되돌렸다. 게다가 이익이 나기 시작하자 세전 이익의 15%를 전 직원에게 환원한다고 약속하고 직원들은 기쁨으로 열광했다.

경영자와 직원 사이에 단단한 신뢰가 생기고, 그리고 노력에는 반드시 성과가 동반되고, 나아가 눈에 보이는 보수로 보상을 받는다.

직원들에게 최고의 미소가 흘러넘치고 컨티넨탈 항공이 미국에서 가장 사랑받는 항공회사로 대변신을 이루기까지 그다지 시간이 걸리지 않았던 것도 당연할 것이다. 이것이 고든 M. 베튠이라는 한 사람의 경영자가 보여준 '기적의 재건극'의 전부다.

도전을 포기하지 않으면 시합 종료는 없다

후시미공업 고등학교와 야마구치 요시하루가 달성한 '불과 몇 년 만의 전국 우승'의 기적 이야기를 다시 해보자.

야마구치는 후시미공업 고등학교에 부임하고 '불량소년'들의 폭주 바이크를 가로막고 필사적으로 수업에 끌고 가려고 했다. 매일 아침 데리러 가고 집에서 억지로 나오게 하는 번거로운 일까지 반복했다.

'불량'으로 불리는 것을 적극적으로 받아들이고 나쁜 짓을 하면서 눈에 띄는 것으로 인정 욕구를 채웠던 아이들이다. 그때 필사적으로 손해를 따지지 않고 자신을 인정하려고 노력하는 야마구치의 모습이 아이들의 눈에 어떻게 비칠까.

'이 사람이 하는 말이라면 조금 정도는 들어도 되지 않을까'라며 마음을 여는 모습이 눈에 그려지지 않는가.

이리하여 야마구치는 럭비를 통해 아이들에게 하나씩 작은 허들을 넘게 하고 승리의 기쁨을 새기기 시작했다.

'인정 욕구를 채우는 것보다 기분 좋은 방법'을 가르쳐줬으니 아이들이 럭비에 중독될 때까지 1년도 필요하지 않았던 것도 당연할 것이다. 이렇게 후시미 공업고등학교는 112대 0의 참패에서 불과 1년 만에 설욕하고 그 기세 그대로 전국 제패까지 이루어낸 셈이다.

고든 M. 베튠과 야마구치 요시하루가 일으킨 기적은 진짜 기적일까. 나는 전혀 그렇게 생각하지 않는다. 그들은 다른 리더와 비교해 아주 조금 더 '믿는 힘'이 뛰어났을 뿐이다. 부하와 아이들 안에 잠든 무한한 가능성을 터럭만큼도 의심하지 않고 믿는 힘이다. 그리고 그것이야말로 리더의 역량이다.

생각해보면 우리는 어른이 되고 경험이 쌓이면서 자신의 한계를 마음대로 설정하게 된다. 자기가 자기의 가능성을 부정하고 도전할 기력을 잃으면서 나이를 먹는다.

그러나 그때 자신에게도 아직 가능성이 있지 않을까, 믿게 해주는 리더를 만나면 어떻게 생각할까. 게다가 결과를 내고 노력이 눈에 보이는 보상을 받는다면? 생각하는 것만으로 설레지 않을까.

굳이 말하면 고든과 야마구치가 달성한 일은 누구나 따라 할 수 있을 것이다. 부디 한 명이라도 더 많은 리더가 이 오래되어도 빛바래지 않는 그들의 성과에 눈을 돌리고 많은 사람을 그런 흥분으로 이끌기를 바란다.

그리고 우리 모두 나이와 환경을 핑계로 계속 도전하는 것을 멈춰서는 안 된다.

앞에서 소개한 139 대 0으로 패배한 하마마쓰 고등학교의 아이들도 마찬가지다. 과거 경기에서는 분명 졌을지도 모르나 고든과 야마구치가 증명해 보였듯 그것이 장래의 가능성과 관계없다는 것은 명백하다.

도전을 포기하지 않는 한 누구의 인생에도 결코 시합 종료는 없다.

07
인생에 의미가 있는가?

잡스의 말은 틀렸을까?

2005년 미국 스탠퍼드대학교 졸업식 연설에서 스티브 잡스는 명언을 남겼다.

"늘 갈망하고, 우직하게 나아가라." (Stay Hungry. Stay Foolish.)

짧고 인상적인 이 문장은 2011년 잡스가 세상을 떠난 이후에도 그가 추구하는 이상적인 삶의 방식과 겹치면서 여전히 많은 공감을 불러일으키고 있다.

그러나 나는 이 연설에서 조금 다른 포인트로 이야기를 하고 싶다. (혹여 잡스가 가장 전하고 싶었던 것은 이것이 아닐런지.)

"한 번 더 말씀드립니다. 장래를 내다보고 미리 점과 점을 잇는 것은 불가능합니다. 할 수 있는 일은 나중에 잇는 것뿐입니다. 그러니 우리는 지금 하는 일이 장래에 무엇으로 이어질 거라고 믿는 수밖에 없습니다." (Again, you can't connect the dots looking forward. You can only connect them looking backwards. So you have to trust that the dots will somehow connect in your future.)

이 연설을 할 때 잡스는 1년 전 췌장암이 발견되어 반년이라는 시한부 판정을 받고 투병 생활을 하던 중이었다.

그리고 학생들에게 세 가지 조언을 했는데 가장 먼저 이 말을 했고, 두 번 반복해서 강조했기 때문에 잡스가 특별히 전하고 싶었던 메시지라는 것에는 의심의 여지가 없을 것이다.

죽음을 의식할 때 비로소 자신의 몸에서 일어나는 일에 의미를 찾으려 하는 자세는 이제 성스러움마저 느껴질 정도다. 그러한 이유로 나도 내 책에 이 말을 자주 인용하며 그 메시지를 전하려 한다.

그러나 그러던 어느 날 친구인 대학 교원에게 이런 말을 들은 적이 있다.

"모모노 씨의 생각은 이해해요. 하지만 저는 지금도 도저히 의미를 찾을 수 없는 일이 있어요. 인생의 모든 일에 진짜 의미가 주어지는 걸까요?"

대학교에서 준교수, 교수를 역임하고, 정년퇴직 후인 지금도 교단에 계속 서는 등 지성과 교양이 흘러넘치는 여성이 던진 질문이다. 분명 계속 생각하고 지금도 도저히 답을 찾지 못한 일이 있을 것이다.

대체 그런 무거운 질문에 나는 어떻게 대답해야 할까…….

네 놈을 찔러주마!

하쿠인 선사(禪師)라는 불교의 한 고승으로 알려진 알려진 인물이 에도시대에 있었다.

1685년에 스루가노쿠니 하라주쿠(현재의 쓰가루시)에서 태어나 1768년에 83세의 나이로 죽음을 맞이할 때까지 시대에 맞는 선(禪)의 가르침으로 많은 이의 괴로움을 구한 승려다.

그와 관련된 유명한 일화가 있다. 어느 날 젊은 사무라이가 하쿠인을 찾아와 이런 질문을 한 적이 있다.

　　　　　　　　왜 이런 사람이 리더인가?

"신사님, 지옥이 진짜 있습니까? 어디에 있습니까?"

"자네는 무사로서 지옥이 두려운가? 아주 겁쟁이로구먼!"

그 후에도 선사는 말을 바꿔가며 이 겁쟁이라며 사무라이를 비웃고 매도했다. 그러자 결국 참지 못한 사무라이는 칼을 빼들어 하쿠인의 머리 위로 치켜들었다.

"네 놈을 찔러주마!"

그리고 그야말로 칼을 내리치려는 찰나 하쿠인은 사무라이를 향해 큰 소리로 외쳤다.

"그것! 그것이 지옥일세!"

그 말에 모든 것을 깨달은 사무라이는 바로 칼을 거두고 무릎을 꿇고 사죄했다.

"큰 실례를 범했습니다. 부디 용서하십시오."

그러자 선사는 얼굴 가득 웃으며 말했다.

"자, 그것이 극락일세."

대체 무엇이 지옥이고, 무엇이 극락이었을지, 사고방식과 느낀 점이 다양할 것이다. 그것을 깊이 파고들기 전에 또 다른 에피소드를 하나 소개한다.

다도를 집대성한 것으로 알려진 센노 리큐는 어느 날 제자 중 한 명에게 다도란 결국 어떤 것인지에 대한 질문을 받는다.

그러자 리큐는 다음과 같은 일곱 가지를 들며 이것이 전부라고 대답했다.

'차는 마시기 편하게', '숯은 물이 끓도록', '여름에는 차갑게, 겨울에는 따뜻하게', '꽃은 들에 있는 것처럼', '시간에 여유를 갖고', '내리지 않아도 비를 대비하고', '동석한 손님에게도 마음을 써라'

이것은 리큐의 일곱 가지 법칙이라 불리며 다도를 즐기는 사람이라면 누구나 아는 기본 원칙이다. 그래서 이런 '당연한' 말을 들은 제자는 자신도 모르게 말하고 말았다.

"그런 건 알아요."

"알고 있어도 하지 못하는 게 인간입니다. 만약 당신이 이것을 모두 할 수 있다면 나를 제자로 삼으세요."

말할 것도 없이 '도(道)'란 영원히 완성되지 않는, 이상을 추구하는 과정 그 자체가 예술이라고도 할 수 있는 인간의 행위다. 그래서 제자의 어리석은 질문에 대한 대답으로 더 이상의 설명은 없을 것이다.

그러나 여기에서 한 가지 의문이 떠오른다.

고승을 죽이려 했던 사무라이, 다도의 진실을 알고 싶다고 생각했던 제자, 두 사람 모두 이 세상의 진리를 알고 싶다며 스

왜 이런 사람이 리더인가?

승에게 가르침을 구했나. 말하자면 똑같이 지적 욕구에 대한 대답을 구한 것인데 왜 사무라이만이 스스로 '지옥'에 떨어졌을까.

조금 난폭한 설명이라 미안하지만 불교에는 이런 말이 있다.

"탐욕이 깊은 자는 '아귀'불교에서 사천왕에 딸린 여덟 귀신(팔부)의 하나로, 계율을 어기거나 탐욕을 부려 아귀도에 떨어진 귀신가 되고, 분노가 깊은 자는 '수라'팔부 중 싸우기를 좋아한 귀신가 되고, 푸념이 깊은 자는 '짐승'이 된다."

즉 만족을 모르고 계속 바라는 것이 아귀, 마음대로 되지 않는 일에 분노하여 날뛰는 것이 수라, 쓸데없는 일에 고민하는 것이 짐승이라는 사고방식이다.

이것을 억제할 수 있는 자를 인간으로 여기고, 억제하지 못하는 자는 지옥에 떨어지고, 잠재울 수 있는 자는 극락으로 갈 수 있다고 생각한다.

그렇게 생각하면 그야말로 고승을 베려 한 사무라이는 그 순간 아귀이자 수라이자 짐승이었음이 분명할 것이다.

그리고 그 모든 것을 억누르고 잠재웠을 때는 분명 고승이 가르침을 주었듯이 '극락'을 엿본 것임이 틀림없다.

결국 지옥도 극락도 사람의 마음이 만들어내는 세계라는 것이 불교의 가르침이다.

그 경계는 분명 자신의 마음과 능력을 누군가를 위해, 사회를 더 나은 곳으로 만드는 데 도움이 되기를 바라는가. 아니면 자신의 욕구를 채우기 위해 사용하고 싶다고 바라는가 아닌가의 차이가 아닐까.

욕구를 억누르지 못하고 욕구에 빠지는 인생 따위 그저 지옥에 불과하다. 많은 불행은 '능력 이상의 욕구를 가지고 그것을 억제하지 못하는 것'에서 시작되니까.

여러 사건이 의미로 바뀐다

대학 교원 친구의 질문으로 다시 돌아가보자.

'인생의 모든 일에 진짜 의미가 주어지는가 아닌가?'
라는 생각에 대해 나는 지금 이렇게 생각한다.

예를 들어 리큐의 일곱 가지 법칙에서 말하는 이상(理想)은 영원히 이어지는 미완성의 목표 같은 것이다.

$y=1/x$라는 수식에서 x의 값이 커질수록 y의 값은 작아진

다. x가 1이리면 y는 1이고, x가 100이라면 y는 0.01이다. 그러나 아무리 x의 값을 키워도 y가 0이 되는 일은 영원히 없다. 그러나 그런데도 0을 구하며 영원히 점근선을 늘려가는 사람의 마음이야말로 '도'이자 그 자체가 수행이 된다.

즉 영원히 이어지는 마음이 이타적이면 그것은 '도'가 되고 우리 인생에 의의와 깊이를 주는 것이다. 한편 영원히 이어지는 마음이 이기적이면 그것은 아귀, 수라, 짐승이며 지옥으로 바뀌는 것이다.

그래서 '인생의 모든 일에 진짜 의미가 주어지는 걸까요?'라는 질문의 답은 분명 이런 것이겠지.

'누군가를 생각하고 답을 계속 찾는 것에 이미 의미가 있는 게 아닐까요.'

덧붙여 잡스의 말, "지금 하는 일이 장래에 무엇인가로 이어질 거라고 믿는 수밖에 없습니다"에는 이어지는 말이 있다.

"이 방식으로 후회한 적은 없으며, 그리고 그것이 인생을 크게 바꿔 주었다." (This approach has never let me down, and it has made all the difference in my life.)

이 말을 나는 이렇게 이해한다.

의미 있는 것을 믿고, 생각하고, 계속 행동하면 여러 사건이 의미로 바뀐다!

　이런 대답에 지성이 넘치는 그녀가 납득할지 자신은 없지만 만나면 열심히 말하고 싶다.

　만약 요점을 벗어난다면 이것 역시 오늘부터 길어질 '영원한 점근선좌표 평면에서 x의 값이 커짐에 따라 어떤 곡선이 일정한 직선에 한없이 가까워질 때 그 직선을 곡선에 상대하여 이르는 말'의 시작이다.

　　　　　　　　　　　왜 이런 사람이 리더인가?

Why
Do We
Have
These
Leaders?
왜 이런 사람이 리더인가?

제대로 된 리더십 교육의
힌트가 되길 바라며

이 책의 원고를 마무리하던 2023년 12월 연말, 하나의 흥미로운 뉴스가 날아들었다.

2022년 일본의 1인당 GDP OECD 가입국 중 21위로 G7에서도 최하위로 전락.

엔저의 영향이 있다고는 해도 일본이 이렇게까지 국력이 떨어졌나, 조금 울적한 마음으로 새해를 맞이했다.

사회 인프라와 치안이 좋다는 하드웨어적인 면, 교육 수준과 기초 과학력이라는 소프트웨어적인 장점을 생각하면 우리는 분명히 국가와 조직 운용을 잘못하고 있는 것이다.

유리한 조건을 살리지 못하는 이유는 분명 다양하다.

그리고 그중 하나가 '리더십'에 대한 교육과 이해가 극단적으로 부족한 일본이 안고 있는 병리라고 확신한다.

'리더란 무엇인가'라는 단순한 질문조차 대답하지 못하는 실수투성이 리더들만이 요직에 앉는 일본의 조직 문화다.

리더라 불리는 자리에 있는 사람, 앞으로 리더를 지향하려는 사람에게 이 책이 '답 찾기'의 힌트가 되기를 바라면서 책을 썼다.

덧붙여 이 책을 집필하면서 훌륭한 리더십을 발휘하여 조직을 이끌어온 많은 이들을 취재하고 그들의 이야기를 들었다.

그중에서도 육상 자위대 서열 2위에 상당하는 북부 방면 총감까지 오른 다우라 마사토 전 육장에게는 많은 리더론과 사례 연구에 대한 가르침을 받아 정말 행운이었다. 이 자리를 빌려 다시 한번 진심으로 감사드린다.

또 2021년 8월부터 연재하고 있는 〈아사히신문 GLOBE+〉의 세키네 가즈히로 편집장님 덕분에 많은 리더론을 소개할 기회를 얻은 것, 거듭 감사드린다.

마지막으로 제 문장은 리듬과 생각을 소중히 하고 싶다는 마음에 일반적인 문법과 작법을 벗어난 적도 적지 않다.

그러한 가운데 무상으로 원고 확인을 맡아주고 때로 따끔한 조언을 해준 요코우치 미호코 전 난잔대학교 준교수·박사(문학)에게 진심으로 감사드린다.

집필 시에 자유분방하게 글을 쓸 자신감을 준 그에 대한 고마움은 말로 다 표현할 수 없다.

많은 훌륭한 리더들이 힘을 보태준 결과 이 책이 지금 여러분 손에 있음을 진심으로 행복하게 생각한다.

왜 이런 사람이 리더인가?

참고문헌

- 《카네기 자서전》(앤드류 카네기 저, 사카니시 시호 역, 추코분코)
- 카네기홀 공식 사이트 https://www.carnegiehall.org
- 《당신이 선 자리에서 꽃을 피우세요》(와타나베 가즈코 저, 겐토샤분코)
- 《진다, 슬프게―이오지마 총지휘관 구리바야시 다다미치》(카케하시 쿠미코 저, 신쵸분코)
- 《고다마 겐타로 러일전쟁 육군의 두뇌》(가미카와 다케토시 저, PHP연구소)
- 《회상의 핫타 요이치―가족과 인연 있는 사람의 증언으로 엮다―》(홋코쿠신문사 출판국 엮음, 홋코쿠신문사 출판국)
- 《대만을 사랑한 일본인 토목기사 핫타 요이치의 생애》(후루카와 가쓰미 저, 소푸샤출판)
- 《노드스트롬의 서비스 신화》(로버트 스펙터, 패트릭 D. 매카시 저, 야마나카 칸 감역, 이누카이 미즈호 역, 일본경제신문출판)
- 《디즈니월드 성공에 감춰진 7가지 비밀》(톰 코넬란 저, 니하라 가즈오 역, 닛케이BP)
- 《이불·쥬에몬의 마지막》(다야마 가타이 저, 신쵸분코)
- 《오다 노부나가의 가신단―파벌과 인간관계》(와다 야스히로 저, 추코신쇼)
- 나라여행넷(나라현 관광 공식 사이트) http://yamatoji.nara-kannkou.or.jp/
- 《국가를 위해 죽을 수 있는가 자위대 '특수부대' 창설자의 사상과 행동》(이토 스케야스 저, 분슌신쇼)
- PRESIDENT Online '최근 1년 동안 200만 부 이상이나 감소했다…모든 신문 합계가 3084만부 밖에 되지 않는 '일본의 신문'이 소멸하는 날' https://president.jp/articles/-/65446?page=1
- 도쿄농공대학교 '산업 유산으로 보는 근대 일본의 제사업(製絲業) https://web.tuat.ac.jp/~jokoukai/kindainihonnoisizue/archive/sangyo/sangyo.htm
- 군제주식회사 '군제의 역사' https://www.gunze.co.jp/special/history/
- 누마즈시 '하쿠인 선사' https://www.city.numazu.shizuoka.jp/shisei/profile/hito/bungaku/bakuin.htm
- 임제종 엔가쿠지파 대본산 엔카쿠지 https://www.engakuji.or.jp/
- 기타 외무성, 기상청 등 관공서 사이트
- 초출 : 제1장 2, 3, 4, 5, 제2장 1, 2, 5, 제3장 1, 2, 3, 5, 6은 〈아사히신문 GLOBE+〉 https://globe.asahi.com 나머지는 본서를 위해 집필

왜
이런
사람이
리더인가?

초판 1쇄 발행 2025년 1월 24일

지은이 모모노 야스노리
옮긴이 이유진
펴낸곳 ㈜에스제이더블유인터내셔널
펴낸이 양홍걸 이시원

홈페이지 siwonbooks.com
블로그·인스타·페이스북 siwonbooks
주소 서울시 영등포구 영신로 166 시원스쿨
구입 문의 02)2014-8151
고객센터 02)6409-0878

ISBN 979-11-6150-942-6 (03320)

시원북스는 ㈜에스제이더블유인터내셔널의 단행본 브랜드입니다.

독자 여러분의 투고를 기다립니다.
책에 관한 아이디어나 투고를 보내주세요.
siwonbooks@siwonschool.com